Francesc Selva

# Reuniones Eficaces

## 5 Reglas de Oro* con las que lograrás Reuniones Útiles y Productivas

*️ **Técnicas y trucos para ponerlas en práctica**

I0068215

francescselva.com

Título: Reuniones Eficaces: 5 Reglas de Oro con las que lograrás Reuniones Útiles y Productivas.
Autor: Francesc Selva
www.francescselva.com


Edición 1. Fecha: 4 de septiembre de 2019. Barcelona.

# Sobre el autor

Estoy convencido de que el éxito de una organización depende, cada vez más, de la calidad de las interacciones entre sus personas.

La organización del s.XXI necesita una forma de interactuar que impulse que las personas aprendan, confíen más unas en otras, descubran errores de pensamiento, construyan objetivos comunes, se comprometan, se ilusionen..., y consigan resultados sorprendentes.

Éste es un tema que me apasiona, y para ponerlo en práctica me he especializado en habilidades de comunicación y de liderazgo de equipos (y habilidades directivas) para profesionales y empresas del s.XXI.

Desde el año 2006 me dedico al training para empresas en técnicas de comunicación y de liderazgo de equipos y, desde entonces, he tenido la oportunidad de colaborar con muchas empresas como por ejemplo, Louis Vuitton, Dr. Oetker, GB Foods (Gallina Blanca), Honda, Continental, Uriach, Applus, MC Mutual…, trabajando con ellas en la puesta en práctica de estas habilidades.

En paralelo con lo anterior, desde el año 2001 soy profesor de la asignatura de "Dirección de Personas" en el Departamento de Organización de Empresas de la Universitat Politècnica de Catalunya. También soy profesor del Máster en Desarrollo Organizacional del GR Institute for Organizational Development, y profesor de Habilidades Directivas en el Máster en Dirección y Gestión de RRHH del CEF.

En los años 2011 a 2014 fui codirector y profesor del "Posgrado on-line en desarrollo de Competencias Directivas y de Innovación" de la UPC School of Professional & Executive Development, institución con la cual sigo colaborando en Programas Corporativos.

Hasta el año 2006 estuve trabajando el sector de la alimentación, en la empresa Copesco & Sefrisa, S.A., como Director de I+D+i.

Finalmente… soy Ingeniero Industrial (especializado en Organización Industrial), y Máster en Desarrollo Organizacional por el GR Institute for Organizational Development.

www.francescselva.com

# Contenidos

# Sobre este libro para lograr Reuniones Eficaces...

"La actitud defensiva que nos lleva a aferrarnos a nuestras creencias y a decir "yo tengo razón", limita nuestra inteligencia.

La mejor actitud frente a una creencia u opinión consiste en abrirnos a la evidencia de su posible falsedad".

David Bohm
"Sobre el diálogo"

Si tienes que dirigir reuniones en tu empresa (o aunque sólo sea liderar alguno de los puntos de la reunión), este libro está pensado para ti.

Es un libro totalmente orientado a la puesta en práctica y en el que tienes conceptos y técnicas que te ayudarán a conseguir resultados sorprendentes en tus reuniones.

Y es que son técnicas que atacan directamente a las principales preocupaciones que suelen expresar los asistentes a reuniones cuando éstas no funcionan. Estas quejas suelen centrase en:

- Sensación de estar perdiendo el tiempo.

- Se divaga demasiado y se sale sin haber conseguido nada.

- Falta de rigor en las aportaciones de algunos asistentes.

- Personas impuntuales, o personas que tienen comportamientos destructivos en la reunión.

- Falta de objetivos, o los temas a tratar son poco claros.

- Se desvía el objetivo de la reunión, o se pierde el foco...

Con este libro tendrás técnicas y trucos que, sin duda, te ayudarán a marcar la diferencia en tus reuniones.

Así pues, mi objetivo en este libro es facilitarte 5 REGLAS DE ORO y un conjunto de HERRAMIENTAS y TÉCNICAS para ponerlas en práctica que te ayudarán a marcar la diferencia en tus reuniones porque:

Son Reglas de Oro y Técnicas que te ayudarán a liderar reuniones en las que los asistentes…

- NO tendrán la sensación de estar perdiendo el tiempo, ni de divagar, ni de falta de claridad de objetivos.

Y que te ayudarán a tener reuniones en las que sentirás que de verdad,

- Se están logrando los objetivos por los que se ha convocado.
- Se produce aportación de valor por parte de todos.
- Se llega al fondo de las cuestiones, y las personas se sienten más comprometidas con lo que acabéis acordando.
- Se reducen los intereses ocultos y los comportamientos manipuladores que, a veces, tienen algunos de los asistentes.

¡¡¡ EN MARCHA !!!

# Regla de Oro 1:

## El Rol de Organizador y el Rol de Asistente

- El Rol de organizador: ¿Qué es responsabilidad de quien convoca la reunión?.

  - Responsabilidades.
  - Tipos de reuniones.
  - Acuerdos, Acta y Seguimiento.

- El Rol de asistente: ¿Qué es responsabilidad de todos los asistentes?

- Técnica: Cómo preparar la agenda de una reunión productiva

# El Rol de Organizador: ¿Qué es responsabilidad de quien convoca?

" Lo bueno, si breve, dos veces bueno; incluso lo malo, si poco, no tan malo".

Baltasar Gracián
"El arte de la prudencia"

La primera Regla de Oro de una reunión sea eficaz es tener claro qué cosas son responsabilidad de cada una de las personas que asiste a la reunión. Lógicamente, después aparecerá otro aspecto que tiene que ver con las dinámicas de la reunión, y es qué hacer cuando alguien no cumple con su responsabilidad.

Todo esto es algo que iremos viendo pero, para empezar, has de tener muy claro qué es responsabilidad de quien convoca la reunión. **Lo tienes a continuación estructurado en 5 puntos.**

(IMPORTANTE: En caso de que tengas que dirigir la reunión (o uno de los puntos de ella) y notes que no te sientes bien en este rol…, antes que nada has de imbuirte del espíritu de liderazgo adecuado. Piensa que, independientemente de tu rango jerárquico, el éxito de la reunión depende de que tú asumas este rol de líder y, además, es lo que los asistentes esperan de ti).

A veces "por si acaso" o "por cortesía" se acaba invitando a la reunión a personas que tienen poco que aportar.

## 1. Es responsabilidad de quien convoca la reunión:

• Quien convoca la reunión es quien la dirige.

• Convocar sólo a las personas que tienen una incidencia directa sobre los temas a tratar.

  – A veces "por si acaso" o "por cortesía" se acaba invitando a personas que tienen poco que aportar.

– Ante la duda, puedes llamar a estas personas y comentarles que, si lo desean, les enviarás la agenda por si entienden que deberían estar. Y después les puedes enviar el acta con lo que se haya decidido.

- No hagas una reunión con más de 8-10 personas (a menos que sea una reunión meramente informativa).

- Quien convoca la reunión se encarga de la logística de la reunión, es decir, de tener todo listo a la hora de empezar: sala, ordenadores, proyector, pantalla...

- Reducir el número de reuniones. Muchas cosas se pueden solucionar hablándolas de forma directa con las personas implicadas y sin tener que convocar una reunión.

---

- Cuando te juegues mucho en una reunión, es responsabilidad de quien la convoca (o de la persona que va a liderar un punto concreto), llamar unos días antes a las personas clave y asegurar que van a venir, que saben qué se espera de ellas, que se han preparado su parte...

---

- Asegurar que los asistentes reciben la información referente a los temas a tratar con suficiente antelación para poder preparar la reunión.

- Cuando una persona, de forma recurrente, tiene comportamientos destructivos en las reuniones es responsabilidad de quien convoca la reunión hablar en privado con esa persona y decírselo de forma constructiva. (En la Regla de Oro 5, te facilito una técnica para que puedas hacerlo con un riesgo mínimo).

- Reconducir el debate cuando éste se desvía del tema en cuestión, o cuando no se siguen las pautas para una conversación productiva que veremos más adelante.

"En la empresa se ha de decidir por la bondad de las ideas".

## 2. No te obsesione buscar el consenso

Y es que utilizando palabras de Javier Robles (presidente de Danone hasta el año 2015), "en una empresa no se puede decidir por suma de votos. En la empresa se ha de decidir por la bondad de las ideas. Y la idea que triunfa no ha de ser la del jefe, sino que ha de ser siempre la mejor idea".

Así pues, recuerda que no se trata de consenso. Se trata de la mejor idea. Y para lograrlo, como líder de la reunión has de saber crear entornos en los que se den debates intensos y productivos entre las personas expertas en cada tema.

**Más adelante te explico cómo hacerlo** y te facilito técnicas.

## 3. Hay diferentes tipos de reuniones. Así pues…, diseña la estructura de reuniones más adecuada para vuestra situación concreta.

En demasiadas ocasiones se realiza una reunión semanal que suele durar 3 o 4 horas, en la que se intentan abordar todas las cosas pendientes de tratar…, y en la que se acaba tocando "todo" y "nada".

Suele ser mucho más efectivo que diseñes una estructura de reuniones (adecuada a vuestra situación concreta), de modo que se optimicen los temas a tratar.

Para ello te propongo 4 tipos de reunión que podéis realizar. Se trata de que vayas probando hasta que encontréis vuestra estructura óptima en función de vuestra casuística.

1. Reunión diaria (o 3 veces por semana) de máximo 10 minutos. Reunión informal y de pie.

Actúa como un mecanismo de coordinación rápida que evita muchos errores y pérdidas de tiempo.

Suelen tener dos tipos de objetivo diferente en función de los asistentes: Un objetivo es el de INFORMAR y compartir lo que cada uno tiene previsto realizar durante el día. El otro objetivo habitual es hacer un repaso de lo que ha sucedido el día anterior y tomar decisiones rápidas.

Son reuniones que suelen funcionar con una agenda fija en la que cada día se repasan de forma muy rápida los mismos temas.

Importante: Hay que aprender a ser estrictos con el tiempo. La reunión se realiza esté quién esté. Todo el equipo es responsable de autogenerarse presión positiva para que todo funcione bien.

> Se trata de probar hasta que encontréis vuestra estructura de reuniones óptima.

2. Reunión semanal de 60'-90' orientada a aspectos tácticos y a temas que requieren decisiones a muy corto plazo.

Esta reunión suele tener algunos temas que cuelgan de una agenda previa (como la que veremos a continuación), pero hay que reservar un mínimo del 40% del tiempo para temas que se decidirán tratar en ese momento.

Al inicio de la reunión cada persona comparte de forma breve la información fundamental de su área (en 1-2 min).

En base a ello, el grupo hace una lista de temas a tratar y decide en ese momento qué temas son críticos y es necesario tratar ahora junto con los ya planificados en la agenda, cuáles se incorporan a otro tipo de reunión porque requieren de más preparación y de un debate más intenso, y cuáles quedan en cuarentena.

3. Reunión de profundización periódica.

   En función de cada caso puede ser mensual, o quincenal o bimensual… Es una reunión de duración más larga y en la que se abordan todos los temas que requieren de un análisis más profundo y de un debate más intenso.

   Han de estar todos los miembros del Equipo y es imprescindible que tenga una agenda estructurada como la que te propongo más adelante.

4. Reuniones especiales.

   Siempre surgen temas puntuales que es necesario tratar y que no pueden esperar a una de las reuniones periódicas… Y también suele ser muy bueno hacer una reunión "estratégico-filosófica" una o dos veces al año.

   En estas reuniones también deben estar todos los miembros del Equipo y requieren de una agenda estructurada como la que tienes más adelante.

## 4. La agenda de la reunión es responsabilidad de quien la convoca:

Las reuniones que requieren agenda han de tener una agenda que indique claramente los temas a tratar, el objetivo que se espera conseguir en cada uno de los temas, quién liderará cada uno de los temas de la agenda, y los tiempos asignados.

> Para que lo puedas poner en práctica ¡YA!, más adelante (en este mismo capítulo) te propongo un formato de agenda muy simple… y muy efectivo.

## 5. Acuerdos, acta y seguimiento.

El cuarto punto que debes asegurar si eres quien convoca la reunión (o lideras alguno de los puntos) tiene que ver con estos 3 elementos clave:

- Concretar acuerdos

- Acta de la reunión

- Seguimiento de lo acordado

### Concretar acuerdos

Un aspecto fundamental a tener en cuenta en el momento de cerrar cada uno de los temas de la reunión es que a menudo aparecen factores que acaban conduciendo a un falso cierre.

Por ejemplo, a veces para reducir resistencias no se concreta de forma precisa, u otras veces un excesivo afán de concretar hace que se fuercen los tiempos y se rompa la confianza y el compromiso generado hasta ese momento.

Así pues, aquí hay el doble objetivo de cerrar los temas concretando de forma explícita quién ha hacer qué y para cuándo…, y que esto se haga de forma que cada una de las partes se sienta involucrada y comprometida.

Vamos ahora a profundizar un poco más en estas ideas.

Concretar implica no aceptar respuestas del tipo "haré todo lo que pueda", "no os preocupéis que… ", "sí, cuando acabe de hacer X me pongo con esto"…

Este tipo de respuestas suelen ser una fuente muy importante de problemas, porque en general una parte interpreta que sí se va a hacer y, la otra, quería simplemente mostrar su buena predisposición a hacerlo.

Así pues, lo acordado debe ser lo suficiente explícito como para que cada uno sepa qué se compromete a cumplir y los demás tengan claro qué pueden esperar.

Al final de cada tema debe quedar claro:

Quién se compromete a hacer qué, para cuándo, para quién…, y cómo se va a hacer el seguimiento de que se está cumpliendo lo acordado.

### Acta de la reunión

El acta de una reunión es el documento escrito, a modo de resumen, en el que quedan anotados los temas tratados durante la reunión y las decisiones que han sido tomadas por parte de los asistentes.

Aquí hay un conjunto de ideas fundamentales que te ayudarán:

Quien convoca la reunión es la persona responsable de que exista el acta, de que sea un reflejo fiel de lo discutido y acordado, y de que se envíe a los asistentes al finalizar la reunión o durante las 24 horas siguientes.

(Independientemente de quien sea le persona que la redacte, quien convoca es el responsable del acta).

Una BEST PRACTICE que te evitará muchos problemas es reservar 5' al final de la reunión para repasar en voz alta las decisiones tomadas, quién ha de hacer qué y para cuándo.

Y otra idea… Procura que el acta quede redactada durante la reunión o, al menos, que al acabar la reunión tengas ya un borrador muy preciso.

Una vez los asistentes a la reunión han recibido el acta y dado su OK (24h-48h), también suele ser muy productivo enviar el acta ya validada a todas aquellas personas de la empresa que no han sido convocadas a la reunión pero que, de alguna manera, están relacionadas con lo que se ha tratado.

## Seguimiento de lo acordado

El otro aspecto determinante para la efectividad de una reunión es hacer un seguimiento de que lo acordado se va cumpliendo. En función de cada caso deberéis decidir quién es la persona responsable de hacer este seguimiento.

Éste se puede realizar al iniciar la siguiente reunión o, de forma más informal, la persona responsable del seguimiento puede ir contactando con quien tenía que hacer algo para ir viendo si todo está OK o no.

# El Rol de Asistente: ¿Qué es responsabilidad de todos los asistentes?

Además de los aspectos que acabamos de ver, hay un conjunto de pautas que son responsabilidad de TODAS LAS PERSONAS que asisten a la reunión.

En su mayoría son pautas relacionadas con la actitud mental (MINDSET) de TODAS LAS PERSONAS que asisten a la reunión.

Lógicamente, en muchos casos verás que hay personas que asisten a la reunión sin este MINDSET adecuado.

No te dejes llevar por esas personas y empieza apoyándote en las personas que están más alineadas. Después, en la Regla de Oro 5, veremos técnicas y tácticas que puedes poner en práctica para ir creando en tu equipo / empresa este mindset adecuado.

Aquí te propongo 5 GRANDES IDEAS que constituyen esta mentalidad que se debe dar en las reuniones para que sean eficaces. Se trata de irlo construyendo hasta que todas las personas lo entiendan como algo que es responsabilidad de todos los asistentes a la reunión:

## 1. Cada persona que asiste a la reunión debe buscar cómo aportar valor.

El rol de oyente no tiene sentido en una reunión productiva. En todo caso, si alguien piensa que no debería estar allí, debería avisar de ello al recibir la agenda de la reunión.

Y forma parte de la mentalidad de aportar valor el presentar la información de forma que busque captar la atención, conectar a la audiencia…, dejando espacio para el debate y buscando de forma activa el debate con los otros asistentes.

2. Cuando una persona adopta un rol destructivo para el éxito de la reunión (por ejemplo queriendo dominar el debate, interrumpiendo, sacando otros temas y desviando el debate, divagando, haciendo aportaciones tóxicas...), todos los asistentes comparten la responsabilidad de reconducir estos comportamientos.

3. Adoptar una actitud proactiva:

Hablar cuando no se está de acuerdo con algo, aportar toda la información relevante aunque no me la pregunten...

4. Ser puntuales para empezar y para acabar, y ser estrictos para optimizar los tiempos durante toda la reunión.

No aceptar la impuntualidad.

5. Evitar la "enfermedad del querer tener razón".

La reunión ha de servir para encontrar las mejores soluciones y para ampliar la perspectiva de los asistentes.

Todos los asistentes a la reunión son personas expertas en su tema y, por tanto, si otro experto piensa diferente lo primero que hay que hacer es entender por qué, no obsesionarse en quererlo convencer de nuestro punto de vista.

Y es que como afirma David Bohm, físico estadounidense considerado como uno de los mejores físicos cuánticos de todos los tiempos y autor del libro titulado "Sobre el diálogo":

"La actitud defensiva que nos lleva a aferrarnos a nuestras creencias y a decir "yo tengo razón", limita nuestra inteligencia. La mejor actitud frente a una creencia u opinión consiste en abrirnos a la evidencia de su posible falsedad".

# Cómo preparar la agenda de una reunión productiva

Dentro de las funciones de la persona que convoca una reunión está el preparar la agenda de la reunión.

Así pues, aquí te propongo una forma de organizar la agenda de la reunión. Verás que es una estructura muy simple que te ayudará a plasmar todos los elementos imprescindibles que ha de tener la agenda de una reunión productiva.

*(Fuente: Adaptado de Roger Schwarz. Harvard Business Review, 2015)*

Para empezar, aquí tienes una imagen global de esta estructura y, a continuación te explico los detalles de cada una de estas columnas C1, C2 y C3.

C1     C2     C3

| AGENDA DE LA REUNIÓN XX/YY/ZZZZ ORDEN DEL DÍA | PREPARACIÓN PREVIA REQUERIDA | PROPUESTA DE TRABAJO |
|---|---|---|
| 1. Título del tema a tratar.... TIEMPO: OBJETIVO: LÍDERA: | | |
| 2. Título del tema a tratar.... TIEMPO: OBJETIVO: LÍDERA: | | |
| 3. Título del tema a tratar.... TIEMPO: OBJETIVO: LÍDERA: | | |

# Columna 1 (C1): Sobre el tema a tratar

• Anota el titular del tema a tratar.

• Para cada uno de los temas, anota el tiempo total que le asignas. (Has de prever un tiempo de exposición y, sobre todo, un tiempo de debate en el grupo).

• Para cada uno de los temas: Explicita el objetivo que se debe conseguir. En general, tienes 5 grandes tipos de objetivos:

> • COMUNICAR una información.
>
> • OBTENER información sobre algo (datos, opiniones...).
>
> • DECIDIR sobre algo (tomar una decisión).
>
> • PLAFINICAR algo.
>
> • GENERAR IDEAS.

• Anota también quién es el responsable de liderar cada tema.

• Es muy útil que el primer punto del orden del día sea dedicar 5' a revisar la agenda y modificarla si se considera necesario.

# Columna 2 (C2): Sobre la preparación previa requerida

En función de cada tema puede ser necesario o no que los asistentes hagan algún tipo de trabajo previo, de modo que estén preparados para abordar este tema en la reunión.

En este apartado, anota de forma clara si es necesario algún trabajo previo y en qué consiste.

Así los asistentes, de forma muy rápida, pueden ver cuál es el trabajo previo que deben realizar para ir preparados a la reunión.

## Columna 3 (C3): Propuesta de trabajo

Cada uno de los temas de la agenda deben abordarse de una determinada forma. En este apartado anota cómo está previsto que se trabaje este tema durante la reunión.

Recuerda que en todos los puntos has de lograr que afloren las discrepancias y que salga toda la información relevante. Así pues, contempla un tiempo para que se den debates productivos.

Una vez vistos los detalles de cada columna, aquí tienes un ejemplo de agenda de reunión. Así pues..., **puedes utilizarla desde ¡¡¡YA!!! en la preparación tus reuniones.**

Reunión:   EJEMPLO          Fecha:              Hora inicio:
                                              Hora final:

| AGENDA DE LA REUNIÓN | PREPARACIÓN PREVIA REQUERIDA | PROPUESTA DE TRABAJO |
|---|---|---|
| 1. **Revisar la agenda y modificarla si es necesario**<br>TIEMPO: 5'<br>OBJETIVO: DECIDIR si hay que hacer alguna modificación en la agenda<br>LÍDERA: Javier | No es necesaria | Espacio abierto en el que los asistentes comentan si hay algo que se debería modificar de la agenda. |
| 2. **¿Hemos de participar en la FERIA SECTORIAL de este año?.**<br>TIEMPO: 45'<br>OBJETIVO: DECIDIR si participamos o no<br>LÍDERA: Marta | Leer el documento adjunto: "Informe de costes y beneficios", resultado de nuestra participación en la feria sectorial del año pasado.<br><br>Pensar en nuestra opinión al respecto... y ¿por qué?. | 10': Marta presenta las conclusiones del año pasado e implicaciones de participar este año.<br><br>15': Comentarios y aportaciones por parte de todos los asistentes.<br><br>20': Debate para tomar decisión y toma de decisión. |
| 3. **Entender a qué es debida la caída de ventas del producto "XYZ".**<br>TIEMPO: 60'<br>OBJETIVO: OBTENER información Y DECIDIR PRÓXIMAS ACCIONES<br>LÍDERA: Esther | Hablar con los clientes asignados para entender a qué es debida la caída de ventas.<br><br>ESCUCHAR AL CLIENTE y obtener datos validados. | 40' Cada asistente en 5' presenta la información que ha obtenido y los datos que la sustentan.<br><br>20' En base a la información anterior, decidimos cuáles son los próximos pasos que debemos realizar. |

## …Y recuerda estas 4 cosas:

1. Cuando estés preparando la reunión, pide al equipo que sugiera puntos de la agenda.

2. Los participantes deben tener la agenda con suficiente antelación como para poder preparar la reunión.

3. Lo más productivo es que antes de enviar la agenda la hayas hablado con cada una de la personas que aparecen en ella (lo ideal es que sea personalmente o por teléfono, para estas cosas cuanto menos mail utilices mejor). Evitarás muchos malentendidos y, además, descubrirás muchos detalles que de otra forma se te hubiesen pasado por alto.

4. En aquellas reuniones en las que te juegues mucho, es muy bueno que hagas un seguimiento personalizado previo al inicio de la reunión: Ponte a disposición de los asistentes para ayudarles en la preparación de la reunión y, también, asegúrate de que las personas se acuerdan, que han recibido la agenda y la documentación adjunta, que tienen clara la aportación que el grupo necesita de ellas…

> En aquellas reuniones en las que te juegues mucho, es muy bueno que hagas un seguimiento personalizado previo al inicio de la reunión.

# Regla de Oro 2:

## Aflora las diferencias de opinión y resuélvelas de forma efectiva

- - - - - - - - - - - - - - - - - - - - - - - - - - - - - - - - - - - - - - - - -

- Aflora las diferencias de opinión y resuélvelas de forma efectiva

- TÉCNICA: Conversaciones de Valor

- TRUCOS para poner en práctica la técnica de las Conversaciones de Valor

# Aflora las diferencias de opinión...

"Si en una reunión todo el mundo piensa lo mismo,
significa que mucha gente no está pensando".

George Patton

Lo esperable cuando un grupo de personas expertas se reúnen para hablar sobre un determinado tema complejo es que se den perspectivas y opiniones diferentes.

Por otra parte, para conseguir resultados necesitarás que las personas se comprometan con lo acordado en la reunión..., y es muy difícil que logres que alguien se comprometa de verdad con algo con lo que no está de acuerdo.

Es por ello que un síntoma muy claro de que una reunión no está siendo productiva es que no afloran las discrepancias o que los debates no sirven para acercar posiciones (no son productivos).

Esto puede suceder por muchas cosas:

- Por cultura de empresa, o por utilizar formas de comunicación poco efectivas para superar discrepancias.

- Por miedo. (Este miedo puede tener orígenes diferentes: miedo a quedar mal, a llevar la contraria a ciertas personas, a ser señalado como culpable de algo...)

- Por intereses personales y/o ocultos.

- Por "desconectarse" de la reunión porque se hace pesada o por no estar con una actitud mental activa.

- Por pensar que sería una pérdida de tiempo debido a que las otras personas son tozudas y no lo quieren ver.

- ...

Sea por lo que sea, lo que sucede en muchas reuniones es que se evitan las discrepancias, o se tratan de forma superficial..., o se "hace ver que se resuelven".

Así pues, si quieres tener reuniones productivas…, es imprescindible que aprendas a detectar conscientemente las discrepancias, aflorarlas, y resolverlas de forma efectiva.

Para hacerlo, el primer paso es DETECTAR y AFLORAR. Para ello, quien lidera ese punto de la reunión (y en general quien lidera la reunión) ha de procurar:

- Presentar su parte de forma clara, breve y concisa.

- Presentar su parte de forma atractiva y que capte la atención. Las otras personas han de estar conectadas con el mensaje que se transmite, porque es una muy buena forma de facilitar su posterior participación.

- Reservar una parte importante del tiempo para el debate.

- Cuando acaba la presentación (breve), buscar de forma activa la participación de las otras personas. Por ejemplo PREGUNTANDO a los demás: ¿qué piensan sobre esto?, ¿qué dificultades ven?...

- Estar muy alerta a posibles discrepancias "ocultas" y que suelen pasar desapercibidas. Para ello hay que "hacer de detective" y estar muy alerta a las pequeñas señales, como por ejemplo emociones negativas en la otra persona.

  O cuando el lenguaje no verbal de alguien dé indicios de que esa persona no expresa todo lo que piensa o siente.

  Cuando detectes señales de estas características: para, pregunta…, y escucha. (IMPORTANTE: Las preguntas las has de hacer desde una actitud de interesarse y de curiosidad; si tus preguntas contienen juicios, provocarás que la otra persona se ponga a la defensiva).

Hay que estar muy alerta a posibles discrepancias "ocultas" y que suelen pasar desapercibidas.

## 2 Trucos que te ayudarán:

### Truco 1: Pregunta desde otros enfoques

Por ejemplo, dirígete directamente a las personas que más pueden aportar en ese tema concreto, y que más necesitas que estén comprometidas y pregúntales…

De todo lo que se ha dicho hasta ahora respecto a este punto, de 0% a 100%, …¿qué porcentaje de acuerdo tenemos cada uno de nosotros con estas ideas que se han dicho?

¿Alguien piensa que nos estamos dejando algo importante?

### Truco 2: Crea un espacio positivo y de entusiasmo.

Fruto de sus investigaciones y trabajo en empresas el profesor asistente de la Universidad de Harvard, Shawn Achor, nos recuerda que lo primero que hay que hacer es elevar el nivel de positivismo de las personas, porque cuando su cerebro está en positivo, es cuando funciona mejor y es cuando se consiguen los mejores resultados.

> De hecho, cuantificaron que un cerebro en positivo es un 31% más productivo que si está en negativo o neutro.

El cerebro en positivo tiene un impacto diferencial en el momento de interactuar con otras personas, de tratar de convencer a los demás de algo, de mantener debates productivos…

Así pues, aunque en la reunión tengas que abordar temas difíciles, debes buscar la forma de que los temas se enfoquen con actitud mental positiva, porque te ayudará a romper barreras defensivas y a tener un debate más abierto y productivo.

# ...Y resuélvelas de forma efectiva

Ya has detectado y aflorado las discrepancias..., ahora debes procurar resolverlas de forma efectiva.

Y para ello es muy importante que recuerdes que resolver las discrepancias no significa tener que llegar a un consenso, sino lograr que una cuestión se acepte, es decir, que aunque una persona no esté de acuerdo sí que esté comprometida con la decisión que se haya tomado.

**Resolver las discrepancias no significa tener que llegar a un consenso, sino lograr que una cuestión se acepte.**

En este sentido te ayudará recordar las palabras que hemos visto antes de Javier Robles (presidente de Danone):

"En una empresa no se puede decidir por suma de votos. En la empresa se ha de decidir por la bondad de las ideas. Y la idea que triunfa no ha de ser la del jefe, sino que ha de ser siempre la mejor idea".

El medio para lograr esto es a través de DEBATES PRODUCTIVOS, esto es, conversaciones en las que...

**se comparte información valiosa, surgen las dudas y los "escepticismos", todo el mundo siente que su opinión ha sido escuchada de verdad, y todos los participantes amplían al máximo su perspectiva de la situación.**

Y si al final no hay consenso, será a quien jerárquicamente le toque quien tendrá que decidir.

A continuación te explico cómo puedes lograr que se den este tipo de debates productivos. En síntesis, deberás:

- Crear entornos de respeto entre las personas.
- Poner en práctica la técnica de las Conversaciones de Valor que tienes a continuación.

# Técnica Conversaciones de Valor

Ya hemos comentado que cuando un grupo de personas expertas abordan un determinado tema complejo es normal que se den discrepancias, y si no salen, es imprescindible buscarlas.

Y que estas opiniones diferentes entre personas expertas son necesarias para una reunión efectiva, porque pueden aportar MUCHO VALOR.

Ahora bien, este valor tienes que saber cómo aflorarlo, y sólo aflorará cuando consigas que el grupo vaya evolucionando desde las posiciones individuales de cada persona, hacia la creación de lo que podríamos definir como espacios mentales compartidos.

> Una Conversación es de Valor cuando se va creando un espacio mental compartido.

Es en el espacio mental compartido y en el diálogo que se produce hasta llegar a él, cuando aflora todo el valor que contienen las discrepancias entre las personas.

A estos diálogos productivos que conducen al acercamiento verdadero, es a lo que llamaremos Conversaciones de Valor.

Y para que se produzcan, necesitarás crear un contexto de diálogo que favorezca dos cosas:

1) Que cada parte pueda defender con fuerza sus ideas; que nadie renuncie a sus ideas.

2) Que cada parte entienda cada vez mejor, porqué el otro piensa lo que piensa.

Para crear estos contextos de diálogo que acabamos de comentar, a continuación veremos que hay unos comportamientos concretos que favorecen las Conversaciones de Valor y unos comportamientos que las bloquean.

Sin embargo, detrás de cada grupo de comportamientos hay un conjunto de supuestos dominantes que son los que debes detectar y sobre los que debes actuar para reconducir el debate cuando éste entre en dinámicas no productivas.

A continuación entraremos en el detalle de cada grupo de supuestos dominantes y sus comportamientos asociados. Después, convertiremos todo esto en una técnica que te ayudará a abordar de forma efectiva las discrepancias que se den en la reunión.

## Comportamientos y supuestos bloqueantes

Empezaremos viendo qué comportamientos suelen bloquear la creación de Valor en los debates. Son comportamientos del tipo:

**Comportamientos que bloquean la creación de valor en las conversaciones**

- Dar por cierto nuestro punto de vista y defenderlo sin exponer los hechos y los razonamientos sobre los que lo hemos construido.

- No preguntar a los demás sobre sus puntos de vista.

- Argumentar con información no validada, o información "parcial" (sólo ofrecemos aquella información que refuerza nuestro punto de vista).

- Evitar la discusión abierta de temas controvertidos.

- Buscar enemigos externos, esto es, culpabilizamos a elementos externos que no están bajo nuestro control.

En general estos comportamientos son defensivos; y la consecuencia es que a medida que éstos se dan, las conversaciones se vuelven más tensas y más centradas en los intereses individuales que en la cooperación.

Es más probable que surjan antagonismos, desconfianza, comunicaciones poco fluidas y poco compromiso. Así pues, cuando detectes estos comportamientos, ya sabes que será muy difícil que se acabe dando una Conversación de Valor.

Ahora bien, estos comportamientos no salen porque sí, sino que detrás del comportamiento suele haber un supuesto. Estos supuestos que derivan en comportamientos bloqueantes son los que debes detectar y reconducir cuando se den.

Y es que son los supuestos los que inducen los comportamientos:

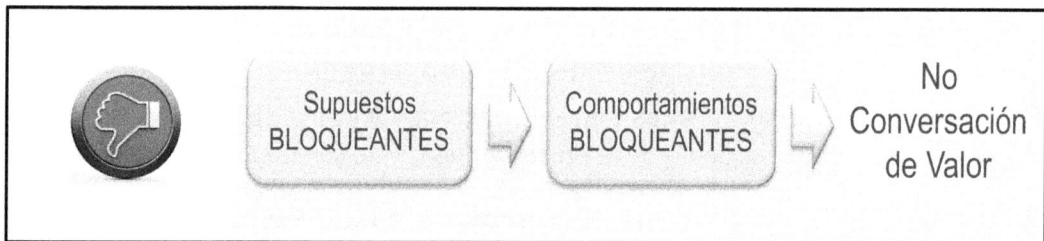

Supuestos **BLOQUEANTES** ⇒ Comportamientos **BLOQUEANTES** ⇒ No Conversación de Valor

"La disciplina de equipo implica dominar las prácticas del diálogo (exploración libre y creativa de asuntos complejos, donde se escucha a los demás y se suspenden las perspectivas propias) y la discusión (se presentan y defienden diferentes perspectivas y se busca la mejor perspectiva para respaldar las decisiones que se deben tomar)".

Peter Senge "La Quinta Disciplina"

**Supuestos bloqueantes basados en la idea de control unilateral.**

Estos supuestos bloqueantes de los que estamos hablando son supuestos del tipo:

- Pensamos que el modo de conseguir nuestro objetivo es controlar la situación.

- Prejuzgamos o vemos "claro" que nosotros tenemos razón y, en consecuencia, los demás no la tienen.

- Concluimos que los demás están tan centrados en sus ideas, que es un pérdida de tiempo dedicar esfuerzos al diálogo si queremos ser efectivos.

- Creemos que si no sabemos algo o nos equivocamos perderemos "poder".

- Damos por supuesto que si algo sale mal es porque alguien ha hecho algo mal.

Estos supuestos afectan a nuestros pensamientos, a nuestros sentimientos, y condicionan nuestras interacciones con los demás.

Son supuestos basados en la idea de control, tienden a bloquear la creación de valor en la conversación, y provocan que las personas prioricen sus objetivos individuales y que actúen de forma unilateral.

## Comportamientos y supuestos positivos

Este mismo esquema que acabamos de ver aplica si quieres desarrollar entornos de diálogo que favorezcan la eficacia, el rendimiento, y la generación de cooperación entre las personas que participan en la reunión.

Para ello has de conocer y poner en practica los comportamientos positivos y los supuestos que los generan.

| | Supuestos POSITIVOS | Comportamientos POSITIVOS | Conversación de Valor |
|---|---|---|---|

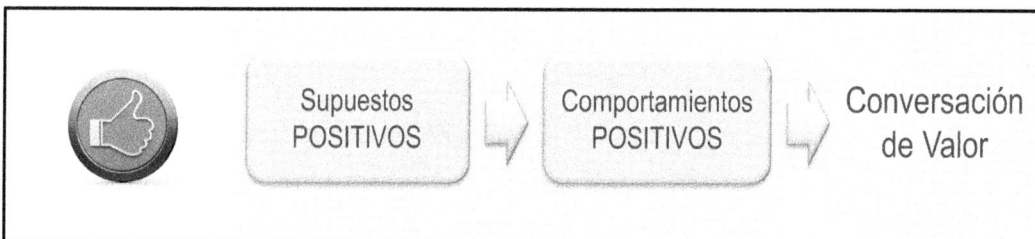

**Comportamientos positivos que favorecen la creación de valor en las conversaciones**

En este caso los comportamientos positivos que hemos de potenciar son:

- Explicitar el razonamiento propio y buscar la crítica.
- Argumentar con información validada y objetiva.
- Preguntar sobre las perspectivas de los demás (entender sus puntos de vista).
- Propiciar que todo sea discutible (discusión experta).
- Asumir nuestra responsabilidad personal con los resultados del equipo.
- Compartir toda la información relevante.

**Supuestos positivos basados en la idea de aprendizaje mutuo.**

Y estos comportamientos suelen ser el resultado de unos supuestos dominantes que debes potenciar en la reunión:

- Mi perspectiva puede ser limitada, tal vez no estoy entendiendo el problema en su totalidad.
- Los demás tienen sus razones para pensar lo que piensan y actuar como actúan. Necesito escucharles para poder comprenderlas.
- Los problemas son oportunidades de aprendizaje.
- Lo verdaderamente relevante no es encontrar "culpables", sino entender por qué han sucedido las cosas.
- Cuando las condiciones son las adecuadas, las personas estamos abiertas a colaborar y a mejorar.

# La técnica de las Conversaciones de Valor: el "Velocímetro CV"

Las consecuencias de los comportamientos y supuestos positivos son que se produce un entorno de mayor confianza, en el que las personas no actúan tan defensivamente ni de forma tan unilateral.

Los personas analizan mejor las situaciones, exploran más posibilidades y generan más soluciones de forma compartida. Suelen exponer sus razonamientos públicamente con el objetivo de integrar otros puntos de vista, detectar puntos débiles y encontrar mejores soluciones.

Ahora bien, aunque estos comportamientos positivos pueden parecer evidentes, la experiencia del día a día demuestra que, en muchos casos, no es tan fácil llevarlos a la práctica.

Y esto nos lleva a preguntarnos… ¿qué podemos hacer?

La respuesta es que podéis utilizar en vuestras reuniones una sencilla herramienta: el "VELOCÍMETRO CV":

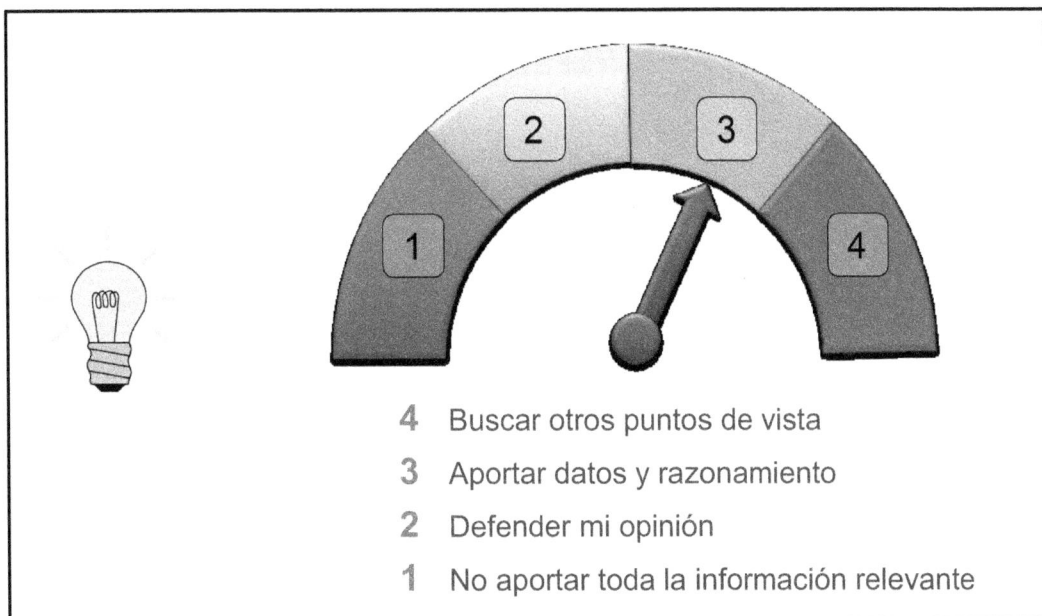

**4** Buscar otros puntos de vista

**3** Aportar datos y razonamiento

**2** Defender mi opinión

**1** No aportar toda la información relevante

El "Velocímetro CV" te ayudará a ser más conscientes del nivel de calidad de la conversación a medida que evoluciona el diálogo y, por tanto, a reaccionar en consecuencia para lograr un excelente nivel.

El "Velocímetro CV" te recuerda que el verdadero valor se produce en los niveles 3 y 4, es decir, cuando las personas hablan con datos y razonamientos, y cuando amplían perspectivas buscando otros puntos de vista.

Y también te recuerda que "dar la opinión" sin más, sin datos ni evidencias (nivel 2), es aportar muy poco valor.

---

Todo esto se puede traducir en dos reglas muy simples que aplican a cada uno de los asistentes a la reunión.

1. Cuando estés en una situación en la que tengas discrepancias con otras personas, lo primero que debes hacer es fijarte en ti y observar en qué nivel del "Velocímetro CV" estás:

   Se trata de hacer todo lo posible para estar el máximo de veces en los niveles 3 y 4.

2. Observa a las otras personas de la reunión, y cuando veas que alguien habla sólo desde el nivel 2 o pienses que podría tener información relevante y no la está aportando (nivel 1), pregúntale y acompáñale para que suba de nivel y se sitúe en el 3.

---

Ahora bien, al poner en práctica el "Velocímetro CV" has de recordar una clave: sólo funciona si tu actitud se fundamenta en los supuestos positivos que hemos visto antes.

Si preguntas a la otra persona para ampliar perspectivas (nivel 4), pero en el fondo te estás dejando llevar por alguno de los supuestos bloqueantes que hemos visto, la otra persona percibirá tu pregunta como una amenaza, como una acusación, o como una falta de respeto. Y entonces la conversación se bloqueará.

Así pues, recuerda que debes hacer un importante trabajo interno (a nivel personal) para actuar desde los supuestos positivos. O lo que es lo mismo, actuar desde una actitud sincera de interesarse, de curiosidad, de intentar comprender de verdad qué piensa la otra persona y por qué piensa lo que piensa.

En el fondo, es actuar con mentalidad de detective: mentalidad abierta y no dejarse llevar por los supuestos bloqueantes.

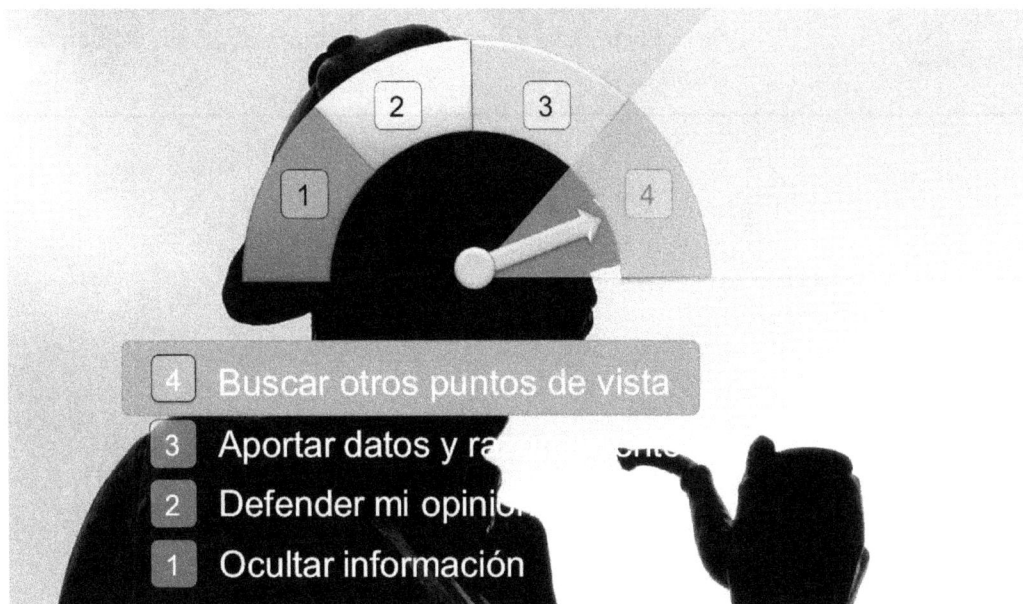

4 Buscar otros puntos de vista
3 Aportar datos y ra...
2 Defender mi opinió...
1 Ocultar información

Y dos ideas finales que te ayudarán a poner en práctica el "Velocímetro CV":

1. Aunque de inicio hayas conseguido conectarte con los supuestos positivos, al ir entrando en los detalles de la conversación es muy fácil dejarse llevar y volver a los supuestos bloqueantes.

   Si esto sucede, es muy probable que hagas comentarios y preguntas que llevan "incorporados" matices y tonos que bloqueen la comunicación. Así pues… ¡ALERTA!.

2. Debes recordar que es responsabilidad de todos los asistentes el construir este contexto de respeto basado en los supuestos positivos. NO es un tema exclusivo del líder de la reunión.

En este sentido te serán muy útiles las técnicas que veremos en la "Regla de Oro 5", porque te ayudarán a reconducir situaciones en las que otras personas actúen de forma bloqueante.

## Caso   "Healthy Comestibles, S.A."

"La empresa "Healthy Comestibles S. A." es una cadena de supermercados que vende productos de alimentación tanto con marca propia (marca blanca) como con marca del fabricante.

Hace un año iniciaron una campaña de publicidad para captar nuevos clientes; esa campaña se focalizaba en transmitir la calidad de sus productos. Con esa campaña publicitaria no consiguieron captar todos los nuevos clientes que querían y, además, han detectado que hay clientes que se van a otros supermercados porque tienen la percepción de que comprar en Healthy Comestibles es más caro.

Para hacer frente a esta situación la empresa se plantea lanzar una nueva campaña de publicidad poniendo el foco en que Healthy Comestibles, realmente, no es más cara que sus competidores.

A continuación se muestra un fragmento de la reunión que está teniendo el equipo directivo de la empresa para tomar una decisión sobre la campaña publicitaria:

## Caso "Healthy Comestibles, S.A."

... ... ... ... ... ... ...

**1)** ¡Bien! Siguiendo con la agenda de la reunión, el siguiente punto a tratar es la campaña de publicidad. Hemos de tomar una decisión ya.

¿Qué hacemos?. ¿Mantenemos la actual campaña basada en la calidad de nuestros productos?... ¿Iniciamos una nueva campaña de publicidad basada en que somos competitivos en precio?.

**2)** Yo creo que mantener la actual campaña es demasiado conservador y no es lo que necesitamos. Hemos de hacer la nueva campaña.

**3)** ¡¡No!!, no es viable hacer el cambio. En general hay un exceso de información a los clientes, y no podemos cambiar el mensaje que transmitimos porque al final nuestros clientes ya no nos percibirán ni por una cosa ni por la otra. Yo propongo mantener por que es la que más garantías nos ofrece.

**4)** Estoy de acuerdo con Juan. Hemos de mantener la actual.

**5)** NOOO!. Es cierto que la actual no va del todo mal... pero...

Tenemos que optar por el cambio. Es la única manera de llegar a nuevos clientes.

**6)** Lo importante es conseguir nuevos clientes.

**7)** NOOOO!!!. No sabemos si con el cambio vamos a conseguir nuevos clientes. Y además, algunos clientes actuales que vienen por que les ofrecemos calidad, podrían pensar que ya no nos importa tanto la calidad y los podríamos perder.

**8)** ¡Es que eso es lo que pasará!. Vendrán unos clientes nuevos pero perderemos clientes de los actuales que sintonizan cuando oyen el mensaje de calidad.

ESTA NO ES LA CUESTIÓN… Estamos hablando de….

FOLLÓN. TODOS HABLAN A LA VEZ…

**9)** ¡¡Un poco de calma!!. Sabemos que con el foco de la actual campaña de publicidad no estamos consiguiendo los nuevos clientes que necesitamos. Y también sabemos que estamos perdiendo clientes que se van a nuestra competencia porque perciben que somos más caros…, cuando realmente nuestro precio es tan ajustado como el de estos competidores. El único modo de no perderlos es decirles que nuestro precio es tan competitivo como el de los otros competidores. Creo que el riesgo más grande es el de no cambiar.

**10)** ¡Pedro!, a mi me ayudaría saber qué pensáis los del departamento de publicidad sobre la posibilidad de perder clientes actuales.

**11)** Nos pedisteis que diseñáramos una campaña para captar nuevos clientes y que no se marcharan los que se van por precio. NO podemos dar ninguna garantía sobre si algunos clientes de los que buscan calidad del producto tendrán una menor percepción de calidad y se irán.

**12)** A mí me cuesta entender que Juan y Guillermo optéis por no cambiar la campaña… cuando yo veo tan claro que sí debemos cambiarla. Creo que nos ayudaría a todos si nos podéis aportar más datos que justifiquen por qué veis más riesgo en cambiar la campaña que en seguir con la actual.

…   …   …   Sigue la reunión  …   …   …   …

## Ejercicio

### Conversaciones de Valor: Caso "Healthy Comestibles, S.A."

Acabamos de ver una situación en la que se de una clara discrepancia en lo referente a cuál es la mejor solución a algo.

Para resolver esta discrepancia necesitamos ir evolucionando desde las posiciones individuales de cada uno hacia lo que llamamos espacios mentales compartidos. Para conseguirlo utilizamos la técnica de las Conversaciones de Valor.

Para ponerla en práctica nos es de mucha utilidad el "Velocímetro CV".

El Velocímetro CV nos ayuda a ver si estamos teniendo o no Conversaciones de Valor, y también nos recuerda qué tenemos que hacer en cada momento para tenerlas.

**4** Buscar otros puntos de vista

**3** Aportar datos y razonamiento

**2** Defender mi opinión

**1** No aportar toda la información

1. Vuelve a leer la conversación anterior y ve anotando al lado de cada comentario si piensas que se corresponde con un nivel 1, 2, 3 o 4 del Velocímetro CV. (*)

(*) Es posible que en algunos casos te cueste decidir si es un 2 o un 3 (te parecerá algo más intermedio). En estos casos te ayudará plantearte ¿cuánto valor te hubiera aportado ese comentario para entender mejor la posición de esa persona o para tomar una mejor decisión?

## Comentarios y reflexiones sobre el caso: "Healthy Comestibles, S.A."

Al leer estos comentarios y reflexiones ten en cuenta que:

- En este caso, el resultado deseado sería resolver la discrepancia y, si no se llega a un consenso, que todo el Equipo se sienta implicado con la decisión tomada.

- No hay una "respuesta acertada". (Hay muchas interpretaciones diferentes de cada situación y, también, muchas respuestas adecuadas).

- Lo verdaderamente importante es la práctica real. Y son los resultados reales que conseguimos lo que nos indica si estamos haciendo lo más adecuado o si deberíamos hacer cosas diferentes.

- Estos comentarios sólo pretenden ayudar en la reflexión y a profundizar en los conceptos expuestos. No pretenden ser "la solución" ni abarcar todas las opciones posibles.

## Comentarios y Reflexiones

... ... ... ... ... ...

**1)** ¡Bien! Siguiendo con la agenda de la reunión, el siguiente punto a tratar es la campaña de publicidad. Hemos de tomar una decisión ya.

**4** ¿Qué hacemos?. ¿Mantenemos la actual campaña basada en la calidad de nuestros productos?... ¿Iniciamos una nueva campaña de publicidad basada en que somos competitivos en precio?.

**2)** **2** Yo creo que mantener la actual campaña es demasiado conservador y no es lo que necesitamos. Hemos de hacer la nueva campaña.

**3)** **3** ¡¡No!!, no es viable hacer el cambio. En general hay un exceso de información a los clientes, y no podemos cambiar el mensaje que transmitimos porque al final nuestros clientes ya no nos percibirán ni por una cosa ni por la otra. Yo propongo mantener por que es la que más garantías nos ofrece.

**2** Estoy de acuerdo con Juan. Hemos de mantener la actual.

**5)** **2** NOOO!. Es cierto que la actual no va del todo mal... pero... Tenemos que optar por el cambio. Es la única manera de llegar a nuevos clientes.

**6)** **2** Lo importante es conseguir nuevos clientes.

**7)** **3** NOOOO!!!. No sabemos si con el cambio vamos a conseguir nuevos clientes. Y además, algunos clientes actuales que vienen por que les ofrecemos calidad, podrían pensar que ya no nos importa tanto la calidad y los podríamos perder.

**2** ¡Es que eso es lo que pasará!. Vendrán unos clientes nuevos pero perderemos clientes de los actuales que sintonizan cuando oyen el mensaje de calidad.

## Comentarios y Reflexiones

ESTA NO ES LA CUESTIÓN… Estamos hablando de….

FOLLÓN. TODOS HABLAN A LA VEZ…

**9)**

**3**

¡¡Un poco de calma!!. Sabemos que con el foco de la actual campaña de publicidad no estamos consiguiendo los nuevos clientes que necesitamos. Y también sabemos que estamos perdiendo clientes que se van a nuestra competencia porque perciben que somos más caros…, cuando realmente nuestro precio es tan ajustado como el de estos competidores. El único modo de no perderlos es decirles que nuestro precio es tan competitivo como el de los otros competidores. Creo que el riesgo más grande es el de no cambiar.

**10)**

**4**

¡Pedro!, a mi me ayudaría saber qué pensáis los del departamento de publicidad sobre la posibilidad de perder clientes actuales.

**11)**

**2**

Nos pedisteis que diseñáramos una campaña para captar nuevos clientes y que no se marcharan los que se van por precio. NO podemos dar ninguna garantía sobre si algunos clientes de los que buscan calidad del producto tendrán una menor percepción de calidad y se irán.

**12)**

**4**

A mí me cuesta entender que Juan y Guillermo optéis por no cambiar la campaña… cuando yo veo tan claro que sí debemos cambiarla. Creo que nos ayudaría a todos si nos podéis aportar más datos que justifiquen por qué veis más riesgo en cambiar la campaña que en seguir con la actual.

… … … Sigue la reunión … … … …

## Comentarios y Reflexiones

El "Velocímetro C.V." es de uso inmediato en cualquier reunión. En síntesis, las tres reglas a recordar son:

1. **Hacer lo posible para hablar mostrando argumentos y datos (nivel 3) y evitar dar sólo la opinión (nivel 2). Procurar dar toda aquella información que pueda aportar valor.**

   Por ejemplo, el tercer comentario ( 3) ) aporta más valor que el segundo comentario ( 2) ) porque el 3) muestra el razonamiento, el por qué piensa esto. Sin embargo podría aportar mucho más valor. Por ejemplo, podría añadir algún caso que ilustrara cómo, en estas situaciones, los clientes dejan de tener clara la propuesta de valor y las consecuencias que esto tiene.

   Lo mismo podríamos decir en el comentario 7). A pesar de que está considerado como nivel 3 del velocímetro porque aporta cierto razonamiento, lo que realmente se necesitaría es justificarlo con alguna evidencia concreta que lo justifique.

2. **Cuando alguien no habla o habla desde el nivel 2, preguntar para favorecer que también hable desde un nivel 3 o profundice más.**

   Por ejemplo, es lo que sucede en los comentarios 10) o 12).

   O es lo debería suceder con el comentario 11) . Ante un tema crucial en el debate, el equipo debería profundizar en esta respuesta para intentar comprender mejor qué riesgo hay. Aunque no se puedan dar garantías, sí se puede compartir toda la información que pudiera ser relevante y que podría ayudar al Equipo a tomar una mejor decisión.

3. **Cuando nos posicionamos en el nivel 4 y preguntamos a los demás para buscar más datos y razonamientos, acordarnos de que estamos buscando ampliar perspectivas; así pues, debemos hacerlo desde una actitud de curiosidad, y sin emitir juicios respecto a la opinión de las otras personas.**

   Un ejemplo sería el comentario 12. Quien hace ese comentario, tiene su opinión al respecto y ya la ha mostrado. Y a la vez, muestra una actitud firme con el problema que se está tratando, intentando entender mejor por qué otras personas también expertas piensan diferente; qué están viendo ellos que quizás ella no ve.

   En este caso la pregunta surge desde una actitud de aprendizaje, de querer entender mejor la perspectiva de las otras personas.

# Tres trucos que necesitarás aplicar… sí o SÍ

En este apartado te voy a comentar tres pequeños trucos que te ayudarán en numerosas ocasiones a tener mejores Conversaciones de Valor.

Y es que muchas veces, bien sea debido a que aumenta la intensidad emocional de las personas, o que va aumentando la complejidad de la conversación, empiezan a aparecer conversaciones derivadas que os pueden acabar desviando del objetivo inicial.

Y entonces empiezan a aparecer datos y reflexiones que parecen muy importantes..., pero que son de muy poco valor para el tema central que teníais que resolver.

## Truco 1: Centra el objetivo y/o el tema de la conversación.

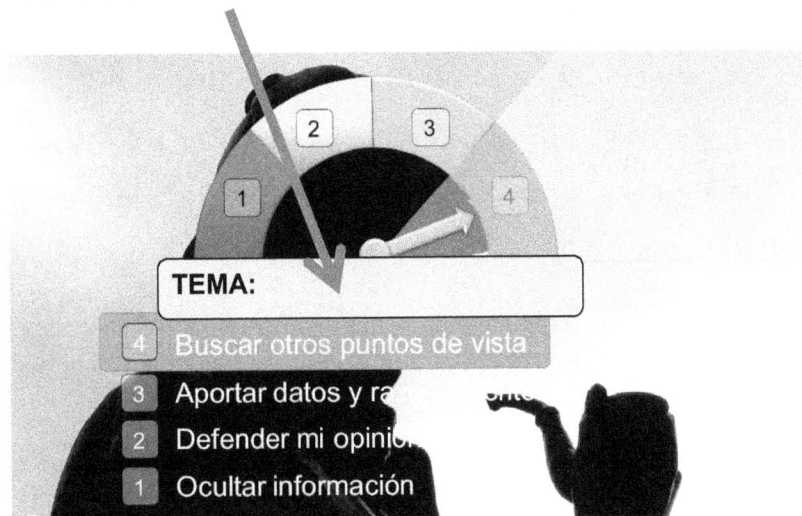

TEMA:

4 Buscar otros puntos de vista
3 Aportar datos y ra...
2 Defender mi opinió...
1 Ocultar información

Ten siempre en mente cuál es el objetivo de la conversación, y asegura que todos los asistentes a la reunión también lo tengan claro.

Para ello, una BEST PRACTICE que te ayudará a centrar el tema y evitar desviaciones es escribir el tema a tratar en un lugar visible para todos los asistentes, de modo que en cualquier momento que se produzca una desviación sea muy fácil para cualquier participante dar la señal de alarma.

Truco 2: Anota en una hoja aparte toda la información importante que no ataque directamente al tema actual.

Cuando aparezcan desviaciones, puede tratarse de cosas que realmente sean importantes y que sea necesario abordar.

Para evitar que estos temas os desvíen, una BEST PRACTICE es tener una hoja del rotafolios preparada en un sitio aparte, de modo que toda la información importante que valga la pena recordar pero que no ataque directamente el tema actual, la anotéis allí a la vista de todos los asistentes a la reunión.

Así calmarás la ansiedad en lo referente a este nuevo tema, y todo el mundo sabrá que es un tema que queda anotado y que está anotado de forma satisfactoria para quien lo ha sacado.

Al final de la reunión podéis decidir cómo abordaréis estos temas, o en qué reunión y quién será el líder del tema.

Truco 3: "NO todos los caminos llevan a Roma" (al menos en lo referente a las reuniones eficaces).

Cuando estéis debatiendo un determinado tema verás que en muchos casos, de este tema pueden surgir varios debates posibles (serían diferentes perspectivas desde las que se puede enfocar este tema).

Debes estar muy alerta a estas perspectivas, porque no todas son igual de adecuadas para llegar al destino.

Seria como si quisieras desplazarte a un sitio lejano y complicado de llegar, al que pudieses llegar por muchos caminos diferentes…, pero no tuvieras ni idea de cuál es el mejor.

En esta situación, si no dedicaras un poco de tiempo a pensar qué camino es mejor, sería muy probable que acabaras perdiendo mucho tiempo por caminos no adecuados.

Así pues, en lo referente a los temas a tratar en las reuniones, recuerda que… "no todos los caminos llevan a Roma, o al menos, no igual de rápido".

# Regla de Oro 3:
# Busca la Precisión y el Rigor

---

- Busca la Precisión y el Rigor

- Valida que se ha comprendido

- Asegura que has escuchado a todas las partes que pueden tener información clave

# Busca la Precisión y el Rigor

> "La dificultad, de hecho, radica en que la mayor parte de las personas toman como "hechos" cosas que nada tiene que ver con ellos".
>
> David Bohm

En demasiadas ocasiones se acaban tomando decisiones sin que se haya puesto sobre la mesa toda la información relevante que tienen las diferentes personas que asisten a la reunión, o sin que se hayan tenido en cuenta todos los factores clave existentes.

O se acaba llegando a conclusiones sin haber entendido lo suficiente lo que piensa la otra parte y por qué lo piensa.

El problema entonces es que puedes acabar pagando un precio demasiado alto en forma de decisiones erróneas, de malos entendidos, de conflictos evitables, de análisis poco rigurosos…, y que acabes teniendo reuniones poco efectivas.

Y es que cuando estéis inmersos en la inercia de un debate, aunque estés poniendo en práctica el "Velocímetro CV", **es muy fácil dejarse llevar por la necesidad que tenemos las personas de llegar rápidamente a respuestas y soluciones**.

Así pues, la Regla de Oro 3 te recuerda que en una reunión efectiva, además de poner en práctica el "Velocímetro CV"…,

> Aunque estés poniendo en práctica el "Velocímetro CV" es muy fácil dejarse llevar por la inercia.

---

Primero debes centrar el debate en poner sobre la mesa toda la información relevante sobre el tema en cuestión, como si fuera una imagen borrosa, en la que vais enriqueciendo detalles hasta convertirla en nítida.

Después, ya discutiréis sobre soluciones o conclusiones.

---

Es algo que os costará poco tiempo (porque básicamente se trata del hábito de hacerlo), y que os aportará muchísimo valor.

**Te propongo tres pautas que te ayudarán a lograrlo.**

## Pauta nº1: Busca siempre los hechos, datos y/o detalles.

En demasiados casos la información relevante no aflora de forma natural.

Tienes que tener en cuenta que en demasiados casos la información relevante no aflora de forma natural. Podríamos decir que queda oculta y deberás actuar de forma proactiva para que aflore.

Y en especial, hay dos casos en los que deberás estar muy alerta:

1. Cuando es un tema que se le hace incómodo a una persona, o en el que puede quedar señalada como culpable, o en el que tiene intereses ocultos.

   En estos casos y en función del perfil de la persona que esté hablando, es posible que de entrada sólo aporte información parcial.

   Hay situaciones que serán evidentes. Un ejemplo característico es cuando un médico, para hacer un buen diagnóstico, pregunta a su paciente ¿usted bebe?..., o ¿cuánto bebe usted?.

   Algunos médicos han escrito sobre ello, y explican que cuando preguntan sobre temas que los pacientes perciben como íntimos, de entrada suelen recibir respuestas genéricas, como por ejemplo, "bebo lo normal".

Es evidente que el médico no puede quedarse en esta respuesta. Ha de saber indagar para llegar a un dato preciso sobre qué cantidad de alcohol bebe su paciente.

Sin embargo, hay otras situaciones que no son tan evidentes. Por ejemplo cuando hay un problema en la empresa y hay que clarificar qué ha pasado exactamente, o quién ha hecho qué…, o entender por qué se tomó o no se tomó una decisión. En estos casos es muy fácil caer en la tentación de avanzar sin tener todos los detalles.

2. Cuando en lo que dice una persona no hay datos o no son suficientes, o faltan detalles para tener una foto precisa.

A veces, la falta de información relevante se da por la forma "natural" de hablar de las personas.

Pero debes recordar que si no hay datos… "son sólo opiniones"… O que si faltan detalles cada uno puede hacer interpretaciones muy diferentes.

Un ejemplo de esto lo tienes en la siguiente conversación entre Jorge (Producción) y Juan (Comercial) extraída de un caso real (vemos sólo el inicio de la conversación):

¡Hola Jorge!. Perdona que te moleste, te vengo a ver porque necesito urgentemente que me hagáis 100 muestras más del nuevo producto.

Tengo una MUY BUENA oportunidad de venta y el cliente las quiere ¡YA!

"Urgentemente", y ¡YA!, son expresiones muy genéricas. Y "MUY BUENA oportunidad de venta" es sólo una opinión.

Son formas de hablar que se suelen dar en las reuniones, pero para poder tomar decisiones y buscar soluciones necesitaréis indagar. Por ejemplo…

- Qué entiende Juan por una "muy buena oportunidad de venta" (de qué volumen estamos hablando, o si esta oportunidad es real o es sólo una posibilidad).

- Cuándo es ¡YA! para el cliente. O si el cliente necesita ¡YA! todas las muestras, o si aceptaría la mitad ahora y la otra mitad en un segundo envío más adelante.

Del mismo modo, en el día a día de las reuniones se dicen muchas cosas (y en algunos casos de forma contundente) que, más allá de su certeza o no, se expresan en forma de opinión:

- "Es evidente que somos más competitivos que hace un año…".

- "La oferta que hemos enviado al cliente estaba poco trabajada".

Si no se aportan datos… simplemente son opiniones.

Estas frases son opiniones, no hechos. A veces tanto da y no tiene sentido ampliar esta perspectiva, pero en muchos casos deberéis preguntar para llegar a los hechos.

Por ejemplo ¿qué evidencias le hacen a uno pensar que hoy somos más competitivos que hace un año? o ¿por qué la oferta que hemos enviado al cliente no estaba poco trabajada?

Eso sí, al hacerlo debéis ir con mucho cuidado porque al ir entrando en detalles, es muy fácil que dejarse llevar por nuestros supuestos e ideas preconcebidas, y ya hemos visto que el "Velocímetro CV" sólo funciona si tu actitud se fundamenta en una actitud de curiosidad e interés reales.

Y en este apartado, también es importante hacer una mención especial a los "detalles". Por ejemplo:

"Un 2% de nuestros envíos son defectuosos, y esto es debido a errores en el momento de introducir el pedido en el sistema".

Esto que acabamos de ver es un dato…

Pero también es una "foto" poco precisa. Si construyes una foto más precisa (preguntando por los detalles), podría ser que obtuvieras información mucho más valiosa. Por ejemplo:

¿Cómo se producen estos errores exactamente? ¿Suceden en todos los turnos? ¿Desde cuando suceden? ¿Todo el 2% es debido sólo a errores en el momento de introducir el pedido?...

Como puedes ver, hacer esto en buena parte es un tema de hábito, y puede ayudar a evitar muchos errores y malas interpretaciones.

## Pauta nº2: Valida que habéis comprendido lo que quería decir la otra persona.

David Bohm nos recuerda que, "con demasiada frecuencia el receptor del mensaje no suele entender exactamente lo mismo que pretendía transmitir el emisor. Entonces, el significado recibido no es idéntico sino tan solo similar al emitido".

En una reunión esto es algo que sucede de forma "demasiado habitual".

Y además, estas diferencias de significado se magnifican aún más cuanto más complejo sea el tema y cuanta más intensidad emocional se dé.

Dado que esto es algo que puede tener consecuencias desastrosas en una reunión, es necesario ser consciente de ello y debes estar alerta para detectar cuándo puede estar sucediendo.

Y entonces, cuando lo detectes o ante la duda, te será muy útil adoptar la siguiente "best-practice":

Después de escuchar a la persona que ha hablado, y antes de que nadie empiece a hablar, que alguien repita con sus palabras el punto de vista de la otra persona hasta que ésta dé su OK, esto es, confirme que efectivamente es eso lo que quería decir.

"Una vez expresada y establecida una proposición, el entendimiento humano fuerza todo lo demás para añadirle apoyo y confirmación".

Francis Bacon

Después de la que la otra parte haya dado su OK a que se ha comprendido lo que quería decir, será entonces cuando empiece a hablar otra persona.

Al adoptar esta práctica, es bueno recordar tres claves:

1. El único objetivo es verificar que se ha entendido adecuadamente lo que la otra persona quería decir.

2. Decirlo de forma breve y con palabras propias, no se trata de repetir textualmente lo que ha dicho la otra persona.

3. Esta repetición de lo que se ha entendido es imprescindible hacerla desde el respeto por la opinión de la otra persona, independientemente de si se está de acuerdo o no.

Recuerda que el "Velocímetro CV" sólo funciona si la actitud se fundamenta en los supuestos positivos que hemos visto antes.

Si quien habla se deja llevar por sus supuestos, a través de los tonos de voz y el lenguaje no verbal emitirá juicios sobre lo que está diciendo la otra persona, y entonces es mucho más probable que se genere conflicto.

Si esto sucediera, formaría parte de tu rol como persona que dirige la reunión (o sólo este punto en concreto), el mencionar de forma positiva que esta repetición incorpora juicios de quien la hace, y reconducir la situación.

# Pauta nº3: Asegura que habéis escuchado a todas las partes que pueden tener información clave.

# Caso "Mecanizados JF"

## Contexto

Imagina que un grupo de personas estáis en una reunión, **y estáis debatiendo sobre una de las iniciativas que tú lideras y que tiene por objetivo impulsar sistemas de organización que faciliten dotar de más autonomía a las personas**.

En un determinado momento, uno de los miembros del grupo, con un tono fuerte y un tanto vehemente afirma: "Yo tengo el convencimiento de que si lo hiciéramos sería un fracaso. De hecho ya se ha intentado otras veces, y esto aquí no funciona".

La persona que acaba de decir esto te inspira poca credibilidad y poca confianza. De hecho, tienes el convencimiento de que esa persona no acaba de saber muy de qué está hablando (incluso sospechas que su postura es debida a su excesivo afán por tener el control de todo, y a su poca capacidad para delegar).

En cambio, tú tienes muy claro que dotar de más autonomía seria un primer paso para impulsar un estilo de liderazgo más acorde con lo que tu empresa necesita.

En este instante ya se ha elevado la intensidad de tus emociones, y estás valorando si responder y entrar en una discusión con esa persona o "dejarlo pasar"; en todo caso, "ya lo hablarás a solas con las personas adecuadas en otro momento".

A la vez, también ves que esta situación, en el fondo, no deja de ser una oportunidad para aprender e intentar alinearos de cara al futuro. Así pues, decides abordar la situación poniendo en práctica la técnica de las Conversaciones de Valor.

## Caso "Mecanizados JF": Comentarios y Reflexiones

Vemos a continuación cómo podría ser poner en práctica las Reglas de Oro Nº2 y Nº3 en el caso "Mecanizados JF". Pero antes de entrar en los comentarios, ten en cuenta que:

- No hay una "respuesta acertada". (Hay muchas interpretaciones diferentes y, también, muchas opciones adecuadas). Lo importante es lo sucede en la práctica real.

- Lo que veremos a continuación sólo pretende ayudar en la reflexión y a profundizar en los conceptos. No pretende ser "la solución" ni abarcar todas las opciones posibles.

- El texto que veremos a continuación, en la realidad es un proceso mental rápido y que se realiza en pocos segundos.

## Comentarios relacionados con la Regla de Oro Nº2 y la "Conversación de Valor":

**Detecta supuestos bloqueantes y pon en práctica los comportamientos positivos**.

En el caso "Mecanizados JF", por el momento has resistido la tentación de precipitarte a hablar, bien sea interrumpiendo o emitiendo juicios sobre lo que dice la otra persona. ¡PERFECTO!

Si te observas a nivel interno podrás descubrir algunos supuestos bloqueantes que podrían interferir en la conversación.

Tienes el supuesto de que la otra persona no acaba de saber

## Caso "Mecanizados JF": Comentarios y Reflexiones

muy de qué está hablando y, además, sospechas que su postura es debida a su excesivo afán por tener el control de todo, y a su poca capacidad para delegar.

En este caso, por ejemplo, estaríamos prejuzgando y, además, vemos "claro" que nosotros tenemos razón.

Así pues, a nivel externo has evitado precipitarte interrumpiendo y emitiendo juicios.

Y a nivel interno, has detectado que tienes supuestos bloqueantes en mente y que podrían condicionar tu actuación en la conversación.

Así pues, ahora es el momento de conectarte con alguno de los supuestos positivos, colocarte en el "Nivel 4 del Velocímetro CV", y preguntar para intentar entender por qué la otra parte piensa lo que piensa…

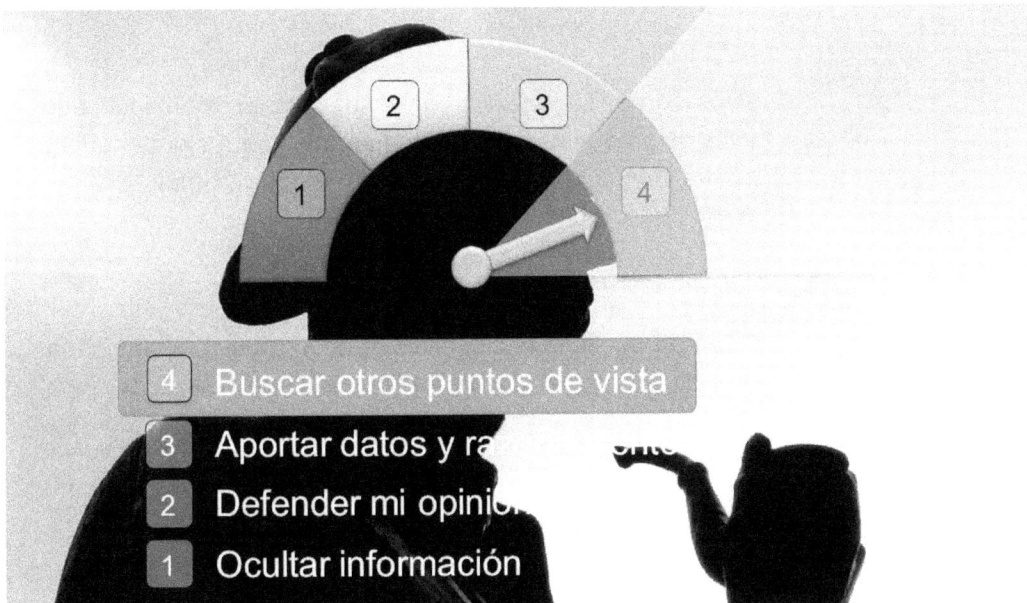

## Caso "Mecanizados JF": Comentarios y Reflexiones

Sin embargo, si hay "acaloramiento" suele ser muy difícil "aparcar" estos supuestos bloqueantes y conectarse sinceramente alguno de los supuestos positivos.

El conectarse con los supuestos positivos en algo muy personal, pero en general, en un caso de estas características los supuestos que más suelen ayudar son supuestos del tipo:

- "La otra persona seguro que tiene sus razones para pensar lo que piensa y decir lo que dice. Como mínimo, necesito escucharla para comprender mejor sus razones. Después, con toda la información, podré hacer un juicio más sólido".

RECUERDA que esto es algo muy personal. De lo que se trata es de conectarse sinceramente con algún supuesto positivo. Se trata de experimentar y probar. Y la señal de que vas bien es que notes un cambio en tus emociones.

Una vez lograda la conexión con el supuesto positivo adecuado, a través de preguntas podrás intentar entender mejor por qué la otra parte piensa lo que piensa (nivel 4 del "Velocímetro CV"). Para ello podrías hacer preguntas del tipo…

- ¿Por qué piensas que sería un fracaso?.

- Dices que se ha hecho en otras ocasiones, ¿nos lo podrías explicar con más detalle? ¿Por qué crees que no funcionó?.

- ¿Hay algún área más favorable donde lo podríamos volver a probar?, o ¿tenemos ya alguna parte de la empresa donde se esté trabajando de esta manera o similar?.

- …

## Caso "Mecanizados JF": Comentarios y Reflexiones

Ahora, debes recordar también la Regla de Oro 3 y valorar si en función del tipo de respuestas que ha dado la otra persona, ya tenéis una foto de la situación lo suficientemente precisa y rigurosa o no.

En caso de que NO, deberías poner en práctica las pautas que hemos visto para lograr una "foto precisa y compartida".

## Pauta nº1: Busca siempre los hechos, datos y/o detalles

Una clave al poner en práctica la Regla de Oro nº3 es mantener todo el tiempo la conexión con los supuestos positivos.

La pauta 1 nos recuerda que es posible que en las respuestas que nos dé la otra parte falte información que podría ser relevante.

Si se diera el caso, deberías indagar para llegar a hechos que te ayuden a entenderlo mejor. Por ejemplo…

- ¿Quiénes fueron las personas que lo probaron en otras ocasiones? ¿Te acuerdas de algunas propuestas concretas que surgieron como resultado de dotar de más autonomía?. ¿Podríamos hablar con alguien de los que participó?...

- ¿Quién fue el responsable del proyecto?. ¿Cómo surgió la iniciativa de hacer esto?...

En referencia a los detalles podría ser bueno saber qué entendemos cada parte por un "sistema de organización que facilite dotar de más autonomía a las personas"…, qué entendemos por autonomía, a qué áreas de la empresa pensamos que podría (o debería) abarcar…

## Caso "Mecanizados JF": Comentarios y Reflexiones

## Pauta nº2: Valida que has comprendido lo que ha dicho la otra persona.

En función de la situación, y una vez la otra parte ya ha expuesto con más detalle su opinión y sus datos, podría ser necesario que validases que has entendido correctamente su punto de vista.

En caso de hacerlo, sería algo como por ejemplo:

"…antes de hablar yo, me gustaría validar que he comprendido bien tu punto de vista.

Por lo que has explicado, entiendo que piensas que esto no funcionaría porque las personas de nuestra empresa no están suficientemente formadas.

Entonces, si damos autonomía, las personas empezarán a hacer propuestas que no se podrán poner en práctica porque, por falta de conocimientos, no habrán tenido en cuenta aspectos técnicos o de visión de conjunto. Y en consecuencia las personas se van a desmoralizar".

¿Es correcto lo que yo he comprendido?".

Entonces la otra parte daría su OK o clarificaría algún punto… Y una vez dado su OK, darías tú tu punto de vista y los datos que lo sustentan (nivel 3 del "Velocímetro CV").

## Pauta nº3: Asegura que habéis escuchado a todas las partes.

Sería asegurar que has escuchado a todas las personas que podrían tener información clave… Incluso el ir a hablar con las personas que participaron en las pruebas hechas en el pasado.

# Regla de Oro 4:

## Supera "Manipulaciones" y "Trampas Mentales"

- - - - - - - - - - - - - - - - - - - - - - - - - - - - - - - - - - - - - - - - - - - -

- Supera comportamientos "Manipuladores" y "Trampas Mentales"

# Supera "Manipulaciones" y "Trampas Mentales"

> "Las cosas no pasan por lo que son, sino por lo que parecen. Son raros los que miran por dentro, y muchos los que se contentan con lo aparente".
>
> Baltasar Gracián

El otro aspecto que te ayudará de forma decisiva para tener reuniones efectivas de verdad, es estar muy alerta a las trampas mentales y, también, a posibles manipulaciones fruto de intereses ocultos de otras personas.

En referencia al concepto de trampas mentales hay que tener en cuenta que cuando estamos en una reunión tratando un tema complejo es normal que hagamos juicios rápidos, o que de forma casi automática nos vengan en mente opiniones y/o soluciones que pensamos que son acertadas, o que hagamos relaciones causa-efecto de las que estemos convencidos.

Entonces, has de recordar que aunque todos los asistentes a la reunión penséis que lo dicho es acertado…, esto no significa que lo sea.

Y es que como dice la psicóloga por la Universidad de Harvard Maria Konnikova, "el cerebro humano está "cableado" para hacer juicios con rapidez y está equipado con atajos que simplifican la tarea de percibir y evaluar la infinidad de estímulos que recibimos del entorno a cada instante. Y es lógico que sea así; si nos fijáramos en cada estímulo quedaríamos atascados, perdidos".

Es por ello que María Konnikova nos alerta sobre estas primeras respuestas que nos vienen en mente, porque cuando se trata de analizar situaciones o tomar decisiones nuestra intuición suele

En demasiados casos pasamos por alto elementos críticos (conexiones) que son determinantes en esa situación.

fallar, **y solemos pasar por alto elementos críticos y conexiones que son determinantes en esa situación**.

En este mismo sentido también se expresa Daniel Kahneman, psicólogo y premio Nobel de Economía en el año 2002.

En su libro "Pensar rápido, pensar despacio" explica que podríamos imaginar el funcionamiento del cerebro como si en él trabajaran dos "personajes" que se dividen el trabajo: el Sistema 1 y el Sistema 2.

El Sistema 1 es rápido, intuitivo, impulsivo y emocional, y trabaja en base a las evidencias que tiene en mente en ese momento. Por su parte, el Sistema 2 es lógico, tiene capacidad de razonamiento consciente y elige de forma consciente qué pensar y qué hacer, pero la contrapartida es que es lento y, en algunas situaciones, un tanto perezoso.

Cuando se enfrenta a un problema, el Sistema 1 (pensamiento intuitivo), trabaja de la mejor manera que él sabe trabajar y por tanto, nos envía de forma rápida soluciones intuitivas a la mente.

Estas soluciones intuitivas, cuando la persona tiene mucha experiencia en un tema concreto o una situación concreta, lo más probable es que sean acertadas. Y es que en muchas ocasiones la forma de funcionar del Sistema 1 es las más efectiva.

Sin embargo, en los entornos complejos y cambiantes del siglo XXI nos encontramos muchísimas situaciones en las que no se dan las circunstancias anteriores y, entonces, las probabilidades de errores son muy elevadas.

Y no solamente esto, sino que además Daniel Kahneman afirma que "el Sistema 1 es más influyente de lo que nuestra experiencia nos dice, y es el secreto autor de muchas de las elecciones y juicios que hacemos".

En definitiva, podemos afirmar que este Sistema 1 del que habla Daniel Kahneman o este "cableado" del que nos habla María Konnikova, nos llevan a hacer unos juicios rápidos que en situaciones complejas, nuevas, y/o inciertas pueden tener graves consecuencias para nuestra efectividad y la de nuestro equipo.

Así pues, vamos ahora a ver 3 prácticas (más 2 que ya hemos visto antes) que te servirán para evitar algunas trampas mentales muy comunes, y es que como afirma Daniel Kahneman:

"La manera de bloquear los errores que origina el Sistema 1 es en principio sencilla: reconocer las señales de que estamos en un campo cognitivo minado, detenernos, y pedir refuerzos al Sistema 2".

Y otro aspecto muy importante:

… Estas mismas recomendaciones que te servirán para evitar estas trampas mentales, son muy efectivas también para defenderte de comportamientos manipuladores fruto de intereses ocultos de otras personas.

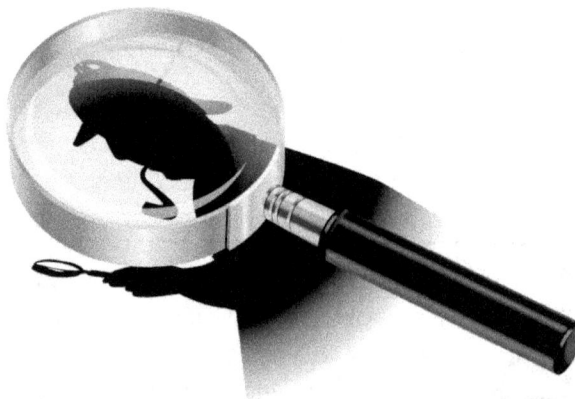

Empezaremos recordando las 2 prácticas que ya hemos visto, y es que en la Regla de Oro 3 hay incorporadas dos ideas clave para superar "Trampas Mentales" y, también, para defenderte de comportamientos manipuladores de otras personas:

1. Ya habéis recopilado todos los hechos relevantes para el tema en cuestión:

   Recuerda que una gran tentación es empezar a hablar de conclusiones sin tener una foto precisa de la situación, por tanto, no deis cosas por supuestas; y si es posible, id siempre al lugar donde pasan las cosas y hablar con las personas que están allí.

2. Ya has buscado activamente la participación de todos:

   Qué piensan, en qué están de acuerdo, en qué no...

Así pues, cuando toque empezar a hablar de conclusiones y/o de soluciones, ya tienes una excelente base.

Y ahora que estás en el punto de la reunión en el que sí toca que las personas vayan proponiendo soluciones o llegando a conclusiones, te será de gran ayuda poner en práctica los contenidos adicionales que te aporta la Regla de Oro 4.

Para empezar, te ayudará recordar qué es un argumento:

Dicho de forma simple, podemos decir que un argumento es un conjunto de frases que buscan aportar buenos motivos por los cuales se ha de aceptar una conclusión.

(Y de todas estas frases que constituyen el argumento, una de ellas es la conclusión y las otras son las que se llaman premisas).

Si observas los debates que se dan en las reuniones a la luz de todo lo que hemos visto hasta ahora, verás que en muchos de ellos suceden cosas que son el origen de muchos errores, trampas mentales…, y que suelen ser la puerta de entrada de comportamientos manipuladores . Por ejemplo:

- Las personas hablan de conclusiones (o soluciones) sin haber hecho un análisis profundo previamente (de ahí la importancia de no dejarte llevar e insistir en la Regla de Oro 3).

- Las personas dicen directamente su conclusión (sin explicitar las premisas que la sustentan). De ahí la importancia de recordar el nivel 3 del "Velocímetro CV" que hemos visto en la Regla de Oro 2.

- Se argumenta con premisas que realmente no son ciertas o son poco precisas.

- En muchos casos verás una conclusión justificada con una o varias premisa (incluso a veces expresadas con un tono un tanto vehemente)… Sin embargo, si analizas lentamente estas premisas, verás que, aunque sean ciertas y sean de peso, no sirven para justificar esa conclusión en concreto.

- Se "olvida" el debate de ciertos efectos colaterales que podría tener una determinada decisión.

Aún sin malas intenciones y sabiendo que son comportamientos que conducen a debates poco productivos, todo esto es habitual que suceda en una reunión.

Así pues, recuerda que, dicho en palabras de Kahneman, "hay que fomentar una cultura en la que las personas se adviertan unas a otras, puesto que es mucho más fácil ver estos errores en los demás que en uno mismo".

Para hacerlo, y superar estas trampas mentales y posibles comportamientos manipuladores que a veces se dan, **te propongo tres prácticas adicionales:**

1. Práctica 1. Cuando estéis analizando una situación o tomando decisiones, no os quedéis con lo primero que os venga en mente (esto sería correr un riesgo demasiado alto de dejarse llevar por el "Sistema 1").

   Así pues, propón seguir pensando en otras opciones, otras alternativas; hay que esforzarse para encontrar más. Esto os ayudará a descubrir cosas que se os podrían haber pasado por alto y, por tanto, a llegar a mejores conclusiones y tomar mejores decisiones.

2. Práctica 2. Incorpora en vuestras reuniones el hábito de ser escépticos con las diferentes conclusiones y soluciones a las que se llega. Así pues, promueve que en cada conclusión os preguntéis cosas del tipo…

   (No se trata de hacer todas las preguntas que tienes a continuación, ten en mente este tipo de preguntas y selecciona las que tengan sentido para cada caso concreto):

   - ¿Qué significa exactamente hacer X?

   - ¿En qué evidencias concretas basamos esta afirmación?

   - ¿Tiene lógica esta afirmación que hacemos?... Es decir, ¿deriva de las premisas? ¿Las premisas son verdaderas?

   - ¿Por qué piensas que haciendo X va a pasar Y?, ¿tenemos alguna prueba de ello?, ¿tenemos alguna prueba en contra?, ¿puede haber algún otro efecto colateral que no estemos teniendo en cuenta?

- ¿Qué esperas que pase haciendo esto que dices?, ¿en qué supuestos se basa esta afirmación?

- ¿Hay algo subjetivo que pueda estar influyendo en esto que estamos diciendo?

- ¿Qué otra información adicional podríamos buscar?

- ¿Nos estamos dejando algo relevante?

3. Práctica 3. Si lo consideras necesario, intensifica el cuestionamiento anterior -de forma respetuosa- utilizando la falsificación (como hacía Sócrates). Es decir, además de plantear lo que hemos hecho en el punto anterior, plantea también alguna cuestión del tipo:

- ¿Qué datos / pruebas necesitaríamos para demostrar que los supuestos que hemos hecho son falsos?

- ¿Qué creemos que es cierto y de hecho es falso?

- ¿Qué creemos que es falso y de hecho es cierto?

- Encuentra excepciones al argumento de la otra parte.

# Regla de Oro 5:

## Aprende y Reconduce comportamientos no adecuados

- - - - - - - - - - - - - - - - - - - - - - - - - - - - - - - - - - - - -

- Crea espacios para hablar sobre las fortalezas y las oportunidades de mejora de vuestras reuniones

- Técnica del Feedback

# Hablar sobre las fortalezas y las oportunidades de mejora

"Una de las cosas más importantes que puede hacer un equipo es darse cuenta de todas aquellas situaciones en las que no se profundiza en las hipótesis, o no se pregunta sobre lo que piensan los demás, o se exponen las cosas con formas o tonos que dificultan que los demás profundicen en ellas. Ésta es la alquimia del equipo, la transformación de las diferencias en aprendizaje".

Peter Senge

El objetivo es aprender a hacerlo cada vez mejor. Y para ello un equipo ha poner en marcha mecanismos que faciliten que se hable de forma regular sobre qué cosas se están haciendo bien en las reuniones, y qué cosas se deberían mejorar porque son perjudiciales para su buen funcionamiento.

Así pues, se trata de que crees espacios en el que el equipo pueda hablar de todo esto.

Por ejemplo, una vez cada 4 meses dedicad un tiempo de reunión a daros feedback grupal sobre las fortalezas y las oportunidades de mejora de vuestro modo de actuar en las reuniones.

Esto se puede hacer de diferentes formas. Te propongo una de riesgo mínimo y que os puede aportar mucho valor.

1. Hacer una ronda de comentarios en la que cada

74

asistente a la reunión responde a las tres preguntas siguientes (han de hablar todos los asistentes y, en su turno, contestan a las tres preguntas a la vez):

- ¿Qué nota media nos corresponde desde la perspectiva de la eficacia de nuestras reuniones y por qué?

- ¿Qué cosas estamos haciendo bien y nos están ayudando a tener reuniones efectivas?

- ¿En qué cosas deberíamos mejorar?

*(Importante: Evitad entrar en conversaciones cada vez que alguien hace su aportación. En este caso se trata de una dinámica en la que cada persona da su opinión y lo hace en un tiempo de unos 30 a 40 segundos).*

(Otra forma de hacerlo es comentar estas preguntas en grupos pequeños y después compartir las conclusiones de cada grupo).

> Estos comentarios han de hacerse con mentalidad abierta, no es hacer una crítica. Sencillamente es poner sobre la mesa qué ve cada asistente a la reunión.

2. Después de lo anterior es muy útil hacer otra ronda final de comentarios en la que cada uno de los asistentes se compromete a una acción de mejora concreta.

# Técnica del Feedback

A veces, en una reunión hay personas que tienen un comportamiento inadecuado y que acaba perjudicando al grupo.

O como hemos comentado al inicio de este libro, personas que asisten a la reunión sin el MINDSET adecuado que hemos visto en Regla de Oro nº1.

En muchas de estas situaciones, una cosa muy productiva que puedes hacer es hablar con esa persona y darle tu punto de vista sobre cómo su comportamiento os está perjudicando.

En muchísimos casos si esto se hace de la forma correcta es suficiente para generar un cambio de comportamiento en la otra persona. Y es por este motivo que te será muy útil que conozcas la técnica del feedback.

---

El feedback es la información que recibimos sobre nuestras acciones y sus consecuencias vistas desde la perspectiva de las otras personas.

Y el objetivo es que la persona que lo recibe sea más consciente de que ese comportamiento suyo es perjudicial, (bien sea para ella misma, el equipo, la reunión, otras personas...).

---

Así pues, ten en cuenta que no es una crítica ni una censura. Es sencillamente intentar mejorar la eficacia de otra persona a partir de dar nuestra opinión sobre comportamientos observados.

Y ten en cuenta también que al dar feedback no estamos pidiendo a una persona, de forma explícita, que cambie su comportamiento. Estamos facilitando que tome mayor conciencia y que reflexione sobre dicho comportamiento; como consecuencia de ello puede ser que dicha persona elija cambiar o no.

Utilizaremos la técnica del feedback para ayudar a mejorar la eficacia de otra persona.

Lógicamente, a veces es necesario pedir el cambio de forma explícita. En estos casos te será muy útil aplicar el método de diálogo que te propongo en el apartado "¿Cómo Continuar?" que tienes al final de este libro.

Entrando ya en el detalle de la técnica del feedback, te ayudará recordar que para que el feedback sea realmente generador de transformación en quien lo recibe, al darlo has de seguir unos pasos:

Paso 1:
Preparación

Paso 4: Cierre de la conversación

Paso 2:
Momento y sitio

Paso 3: Dar Feedback

Vamos a ver a continuación cada uno de estos pasos.

Pero ten en cuenta que:

Lo importante es que te quedes con la esencia de la técnica y que, en base a ir poniéndola en práctica, la vayas adaptando y te la vayas haciendo tuya.

# 1. Preparación

Cuando hayas puesto en práctica la técnica del feedback varias veces, verás que en muchos casos la preparación será algo instantáneo y que tendrás hecho en muy pocos segundos.

Sin embargo al principio te requerirá más tiempo.

La preparación es fundamental porque vas a decirle a otra persona algo que podría molestarle o hacerle daño; y el tenerlo bien preparado puede marcar la diferencia entre ayudar a generar un cambio o no conseguir nada y, quizás, acabar enfadados.

La preparación consta de dos grandes apartados:

1. En referencia a lo que quieres hablar con esa persona.

> Para dar feedback debes identificar los comportamientos concretos sobre los que quieres dar feedback.

   • Debes identificar los comportamientos concretos sobre los que quieres dar feedback, sin añadir interpretaciones ni opiniones. (Sería lo que grabaría una cámara de vídeo).

   • También has de pensar en las consecuencias que desde tu punto de vista tienen estos comportamientos, es decir, cómo perjudican el buen funcionamiento de la reunión.

   • Dado que vas a hablar de puntos a mejorar, también es justo identificar un punto fuerte que, de forma sincera, aprecies de esa persona. (Lógicamente, ese punto fuerte debe guardar algún tipo de relación con el contenido del feedback que le vas a dar).

2. En referencia a tus intenciones:

   • Recuerda que vas a dar feedback para mejorar la eficacia de la otra persona y/o ayudarla en su desarrollo.

Para dar y recibir feedback es necesario un estado emocional adecuado.

En ocasiones la presión emocional de la situación hace que de forma más o menos inconsciente queramos mostrarnos como víctimas y/o volcar nuestras emociones con la otra persona. No se trata de esto.

Es fundamental que cuando des feedback lo hagas desde el estado de conexión emocional adecuado con la otra persona.

Y para ello, te será muy útil conectarte con el punto fuerte de esa persona que has identificado antes. Y por esto es tan importante que sea sincero. Porque además de ser justo que lo menciones, te ha de ayudar en tu conexión emocional con esa persona.

## 2. Pedir permiso y buscar el momento

Cuando un grupo de personas se reúnen de forma habitual, se suele dar por supuesto que forma parte del rol de cada participante el hablar cuando ve algo que, a su entender, está perjudicando el buen funcionamiento de la reunión.

Aún así, si la otra persona no lo ha solicitado ni es algo que estuviera previamente acordado, es bueno informar de que quieres hablar de un tema que te preocupa y buscar el momento adecuado para ello.

Lógicamente hay muchos casos en los que esto no es necesario. Sin embargo, cuando se trata de temas delicados y sensibles es muy recomendable excederse de precauciones.

Así pues, valora si es necesario pedir permiso para dar el feedback, busca el momento adecuado para darlo, y dalo personalmente y cara a cara (intenta evitar mails, WhatsApp...).

## 3. Dar Feedback

El tercer paso consiste en dar el feedback que ya has preparado en el paso 1.

A continuación vamos a ver la estructura de este feedback, pero antes de entrar en ella es útil clarificar algunos aspectos:

- Dar feedback ha de ser algo rápido. El tiempo normal debería ser de entre unos 20 a 40 segundos. NO más.

- Con el objetivo que está planteado aquí, el feedback es unidireccional; no es una conversación. Y a menos que sea feedback grupal, se da a solas.

- Si quieres mantener una conversación la técnica es otra. Ya no es la técnica del feedback. En este caso lo que más te ayudará es poner en práctica el "Método de diálogo HCC para la comunicación efectiva". (Es otro libro al que hago referencia en el apartado "¿Cómo continuar?" que tienes al final de este libro).

Entramos ahora en la estructura del feedback. Son 3 cosas:

A. Como en este caso estas dando feedback de puntos a mejorar, lo primero que has de hacer es facilitar que la otra persona esté el máximo de receptiva para escuchar lo que le vas a decir. Si se cierra en banda tu comentario no va a ser efectivo.

Así pues, lo primero es abrir un "puente" para que la comunicación fluya.

El "puente" es algo tan sencillo como empezar hablando de ese algo positivo de la otra persona (fortaleza) que has detectado en el paso 1 de preparación, y que está relacionada con el contenido del feedback que le vas a dar.

Recuerda la importancia de decir algo positivo que sientas de verdad; no lo hagas como un mero formulismo. Como ya hemos comentado, al ser sincero tiene el poder de facilitar que tengas la conexión emocional adecuada con la otra persona, además de actuar como puente.

B. A continuación del puente, das el feedback. Para ello has de explicar lo que has observado de la forma más objetiva posible, como si fuera una grabación de vídeo. (Aquí es importante dar detalles de las circunstancias, ser muy específicos y evitar generalizaciones).

Y después, explica las consecuencias que, a tu entender, se derivan de ese comportamiento que has observado.

IMPORTANTE: Recuerda que no estás juzgando, ni acusando a la otra persona; sencillamente DESCRIBE cómo te sientes ante ese comportamiento de la otra persona, o lo que te preocupa, o las consecuencias negativas que piensas que puede tener.

C. Otro aspecto a tener en cuenta cuando des feedback es el nexo que utilices entre el punto A que acabamos de ver y el B.

La "tentación" es utilizar un "PERO".

En este caso concreto el PERO te va a destrozar el "puente" que hayas hecho. Así pues, evítalo. Y para evitarlo lo mejor suele ser utilizar un punto y seguido (sería como hacer un stop muy rápido en tu discurso) o utilizar una "Y" como nexo.

## 4. Cierre de la conversación dejando el puente abierto

Hemos comentado antes que con el enfoque que damos aquí al feedback, no lo has de entender como una conversación sino como una información que das a la otra persona, de forma unidireccional, y que en total dura unos 20-40 segundos.

Siendo así, también es importante que después de dar feedback según hemos visto en el paso 3, cierres la conversación de un modo adecuado.

Y un buen modo de hacerlo es con una frase breve que explicite:

1. Que querías decírselo porque piensas que le ayudaría saberlo, y que no esperas que te dé ninguna contestación; solo querías que lo supiese.

2. Agradecimiento por haberte escuchado.

## Comentarios finales sobre la técnica:

### Actitud del receptor

Lo ideal es que la persona que va a recibir el feedback adopte una actitud de escucha adecuada. Esto es algo que no puedes controlar, sin embargo, si vas con mucho cuidado al poner en práctica todos los pasos de la técnica, estarás facilitando enormemente que la otra parte adopte esta actitud.

Una vez recibido el feedback, no esperes que la otra parte se justifique ni que diga que va a cambiar cosas. Lo ideal es que haga una reflexión a posteriori y ya decidirá que hace.

### Tácticas en caso de ser receptores del feedback:

- Evitar ponerse a la defensiva. Nadie nos está acusando; estamos viendo un vídeo con la repetición de lo que hemos hecho desde la perspectiva de la otra persona.

- Si hay algo que no hemos entendido, podemos pedir aclaraciones.

- Es bueno decir unas palabras de agradecimiento a quien nos ha dado feedback. Dar feedback es difícil y es una muestra de respeto.

## ¿Qué hacer en caso de que el receptor se intente justificar?

En caso de que el receptor se intente justificar, no es necesario que entres en la discusión.

Una buena manera de finalizar la conversación es volver a agradecer la predisposición a escucharnos y volver a repetir el cierre formal que has hecho antes en el paso 4.

## Resumen de los pasos

**Sirve para** todas aquellas situaciones en las que pretendas mejorar la eficacia de otra persona a partir de dar tu opinión sobre comportamientos observados, no le estas pidiendo de forma explícita que los cambie.

**PASOS:**

1. Preparación.
   - Identificar comportamientos concretos y explicitar sus consecuencias.
   - Estar atentos a nuestras intenciones.
   - Identificar un punto fuerte que apreciemos sinceramente de esa persona. (Conexión emocional con la otra persona).

2. Pedir permiso y buscar el momento y sitio adecuados.

3. Dar Feedback.
   - Abrir puente (fortaleza identificada antes)
   - Dar Feedback (comportamiento observado y consecuencias).

4. Cierre de la conversación.

**Qué pasa si...** la otra persona se intenta justificar

- No es necesario entrar en la discusión.
- Agradecer la predisposición y repetir el cierre anterior.

# Caso "Nueva Expresión, S.A."

## Contexto

Imagina que un grupo de personas de tu empresa os reunís de forma periódica para tratar temas que tenéis que resolver como equipo.

Estas reuniones cuentan con una buena agenda (como la que hemos visto en la Regla de Oro nº1), que facilita que todos los participantes asistan llevando los temas bien preparados.

Sin embargo, hay uno de los asistentes que en las últimas reuniones no ha traído su parte preparada.

Esto, a tu entender, tiene importantes consecuencias para la efectividad de la reunión, porque estos temas eran importantes y, al final, se han acabado tratando de una forma demasiado intuitiva que os ha llevado a tomar malas decisiones.

Así pues, decides hablar con esa persona para que cambie su forma de actuar y, para ello, vas a poner en práctica la técnica del feedback.

**Antes de seguir avanzando, prepara cómo llevarías a cabo esta conversación de feedback siguiendo los pasos que acabamos de ver.**

**NOTA: En la siguiente página tienes una ficha que te guiará para hacerlo.**

*(Una vez lo hayas hecho, en páginas siguientes tienes algunos comentarios y reflexiones que te ayudarán a profundizar en la puesta en práctica de esta técnica).*

## Caso "Nueva Expresión, S.A."

### FICHA PARA LA PREPARACIÓN

**PREPARACIÓN**

Persona a la que quiero dar feedback:

Algo que valoro / aprecio de esa persona (y que se pueda relacionar con el tema sobre el que le quiero dar feedbak) :

¿Qué comportamientos concretos, sin añadir observaciones, son los que quiero mencionar en el feedback?

¿Cuáles son las consecuencias de esos comportamientos para esa persona / para mí / para mi equipo…?

**INTENCIONES y PERMISO**

☐ Mi intención al dar feedback es ayudar en la mejora de algo o ayudar a la persona en su desarrollo.

☐ He valorado si tengo que pedir permiso o no es necesario.

**ESQUEMA DE LA CONVERSACIÓN DE FEEDBACK:**

## Caso "Nueva Expresión, S.A.": Comentarios y Reflexiones

Al leer estos comentarios y reflexiones ten en cuenta que...

- Lo importante es que te quedes con la esencia de la técnica y que, en base a ir poniéndola en práctica, la vayas adaptando y te la vayas haciendo tuya.

- Estos comentarios sólo pretenden ayudar en la reflexión y a profundizar en los conceptos. No pretenden ser "la solución" ni abarcar todas las opciones posibles.

# 1. Preparación

- **Identificar comportamientos concretos y explicitar sus consecuencias.**

  - En las 2 últimas reuniones esa persona no ha preparado su parte. Tenía que traer preparados los temas "X" e "Y" y no lo hizo. En referencia al tema "X" cuando le tocó hablar dijo "disculpad porque el tema X me ha sido imposible mirarlo porque iba agobiado por el viaje", y en referencia al tema "Y" dijo "he hecho una aproximación, pero no me ha dado tiempo de validarla al 100% porque voy muy agobiado de trabajo".

  - Consecuencias: En ambos casos tuvimos que acabar tomando una decisión y después hemos comprobado que si hubiésemos tenido toda la información el día de la reunión, la decisión hubiese sido mucho mejor.

- **Estar atentos a nuestras intenciones.**

  - Escucha a tu interior y valida que de verdad quieres dar feedback para mejorar la eficacia de la otra persona y de vuestras reuniones. Asegura que no intentas volcar tus emociones y enfados sobre la otra persona.

- **Identificar un punto fuerte que aprecies sinceramente de esa persona**. (y que te genere respeto y/o conexión emocional hacia ella).

  - Por ejemplo: Es una persona que siempre se atreve a decir las cosas que muchas veces nos cuesta poner sobre la mesa. En este sentido hace una gran aportación al Equipo.

Caso "Nueva Expresión, S.A.": Comentarios y Reflexiones

## 2. Pedir permiso y buscar el momento adecuado

Pedir permiso y buscar el momento adecuado.

"Hola" Raúl,

Hay un tema que ha sucedido en las últimas reuniones que me tiene preocupado y que me gustaría hablar contigo.

¿Te importa que lo hablemos?.

¿Cuándo te va bien?.

## 3. Dar feedback

Abrir puente:

Quería hablar contigo porque en las últimas reuniones hay un tema que me ha dejado preocupado.

Desde mi perspectiva eres una persona que aporta muchísimo valor en las reuniones porque tienes la valentía de decir las cosas que nadie se atreve a decir, por ejemplo hace dos semanas cuando le preguntaste al Dtor. Gral "........". Y esto es clave para el equipo.

⚠ ¡Cuidado con el PERO! en este punto.

→ (…) (Puedes dejar un segundo de silencio)

Dar feedback:

En las dos últimas reuniones, con el tema "X" y con el tema "Y", son situaciones en las que nos dijiste que por agobio de trabajo no los tenías suficientemente preparados, y esto al final nos llevó a tomar decisiones con poca información, que han resultado poco acertadas, y que han acabado dándonos trabajo extra a todos… que también tenemos mucho trabajo.

Caso "Nueva Expresión, S.A.": Comentarios y Reflexiones

# 4. Cierre de la Conversación

**Cierre de la conversación**

Quería comentártelo porque igual que en unas cosas nos estás aportando mucho valor, el que no vinieras preparado a estas dos reuniones nos ha perjudicado a todos, y pienso que era importante que te lo dijese… ¡Y ya está!, sólo era decírtelo y agradecerte tu predisposición a escucharlo.

Este ejemplo que acabamos de ver sería un caso de aplicación de la técnica del feedback en un entorno difícil y en el que vale la pena tomar muchas precauciones.

Lógicamente hay muchos casos en los que puedes dar tu feedback de una forma más directa y/o entrar en una conversación. Lo que sí es importante hacer siempre es hablar primero de comportamientos muy concretos (sin interpretaciones), y a continuación las consecuencias que a tu entender se derivan de estos comportamientos.

# Para acabar...

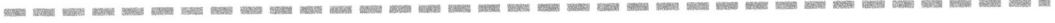

- ¿Cómo continuar?

# ¿Cómo continuar?

Mientras estés poniendo en práctica estas 5 Reglas de Oro para tener reuniones útiles y productivas, es posible que quieras seguir profundizando en tácticas y técnicas que te puedan ayudar en tus reuniones.

Así pues, a continuación te propongo tres fuentes que estoy convencido que te serán de utilidad:

## 1. https://francescselva.com/blog/

De forma periódica en mi blog voy publicando artículos y comentarios relacionados con la comunicación efectiva, liderazgo, trabajo en equipo, inteligencia emocional…

En el blog encontrarás nuevos contenidos gratuitos que te ayudarán a complementar todo lo visto en este libro.

## 2. Apartado "Bibliografía" de este libro

En el apartado "Bibliografía" que tienes al final de este libro encontrarás muchas referencias que te servirán para profundizar en lo que hemos visto aquí.

## 3. Método de Diálogo HCC para la comunicación efectiva

El día a día de un equipo implica tener que abordar muchas conversaciones difíciles, tanto en las reuniones como entre las personas del equipo, personas de otros departamentos, jefes, proveedores….

Estas conversaciones difíciles son conversaciones que inciden de forma directa en el trabajo de las personas, o en los resultados, o en su satisfacción en la empresa…, y que deben abordarse a través de un diálogo efectivo.

> En la organización del s.XXI, se multiplican las situaciones en las que tenemos que abordar conversaciones difíciles.

Para dar respuesta a esta necesidad he desarrollado el método de diálogo HCC.

El método de diálogo HCC para la comunicación efectiva es un método que te ayudará a abordar de forma efectiva las situaciones importantes que te encuentres en tu día a día en la empresa, y que debes abordar hablando con otras personas.

"Método de Diálogo HCC para la Comunicación Efectiva".
https://francescselva.com/libros/metodo-dialogo-hcc/

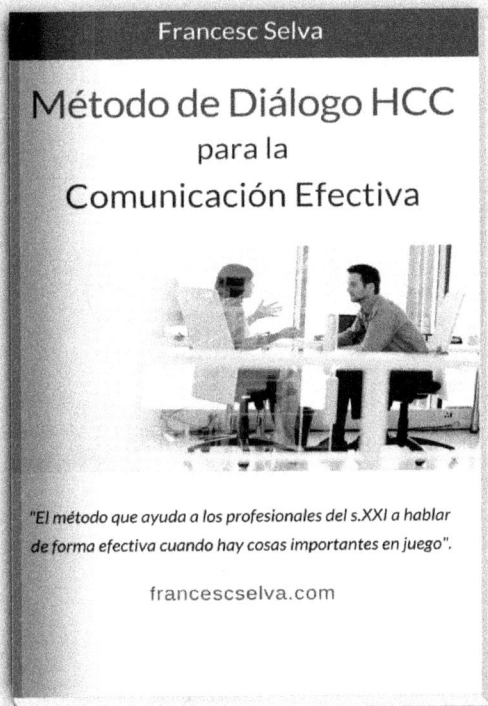

Francesc Selva

Método de Diálogo HCC
para la
Comunicación Efectiva

"El método que ayuda a los profesionales del s.XXI a hablar de forma efectiva cuando hay cosas importantes en juego".

francescselva.com

El método de diálogo HCC es un potente método que he creado después de más de 10 años de experiencia en training para empresas, y de compartir con los participantes varios miles de situaciones concretas en las que se han puesto en práctica técnicas de comunicación interpersonal.

En el método he sintetizado los factores clave de éxito extraídos de estos miles de situaciones concretas y, también, de teorías e investigaciones recientes en el área de la psicología, de las relaciones humanas y del desarrollo organizacional.

# Bibliografía

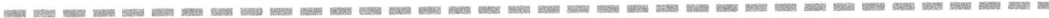

# Bibliografía

Argyris, Chris. (1999). Conocimiento para la acción. Granica.

Covey, Stephen R. (1989). Los 7 hábitos de la gente altamente efectiva. Paidós.

Gratton, Lynda. (2008). Puntos calientes: espacios para el entusiasmo y la creatividad. Granica.

Kahneman, D. (2012). Pensar rápido, pensar despacio. Debolsillo.

Kofman, F. (2001). Metamanagement. Cómo hacer de su vida profesional una obra de arte. (3 volúmenes). Granica.

Konnikova, M. (2013). ¿Cómo pensar como Sherlock Holmes?. Paidós.

Lencioni, P. (2004). Reuniones que matan. Empresa Activa

Schein, E. H. (2013). Preguntar con humildad. Empresa Activa.

Selva, F. (2017). Método de diálogo HCC para la comunicación efectiva. francescselva.com

Selva, F. (2018). Liderazgo de Equipos: Las 5 propulsoras de los grandes equipos. francescselva.com

Selva, F. (2017). Soluciona situaciones difíciles con la Escucha Activa. francescselva.com

Senge, P. (1995). La quinta disciplina en la práctica. Granica.

Schwarz, R. (2015). How to Design an Agenda for an Effective Meeting. Harvard Business R.

97

www.ingramcontent.com/pod-product-compliance
Lightning Source LLC
Chambersburg PA
CBHW051351200326
41521CB00014B/2534